대한민국 샐러리맨
거침없이 살아라

**대한민국 샐러리맨
거침없이 살아라**

초판 1쇄 인쇄 2009년 11월 23일
초판 1쇄 발행 2009년 12월 21일

지은이 | 김영안, 전익균
펴낸이 | 전익균

이사 | 송영욱, 임상현
편집장 | 김남희
편집, 기획 | 김미화, 이미순
디자인 | 이호영
마케팅 | 오정민, 허윤영
경영지원 | 최예란
외부 스텝 | 이의재(삽화)

찍은곳 | 예림인쇄
출력 | 한국커뮤니케이션
제본 | 바다제책

펴낸곳 | (주)새빛에듀넷
주소 | 서울 강남구 역삼동 723-28 영빌딩 1, 2층
전화 | 02-3442-4393~4   팩스 | 02-3442-6771
e-mail | svinvest@hanmail.net   홈페이지 | www.assetclass.co.kr
등록번호 | 제16-4043호   등록일자 | 2006. 11. 28

값 11,000원

ISBN 978-89-92873-54-3 (03320)

치열한 전쟁터에서 살아남는 생존 노하우!

대한민국 샐러리맨

거침없이 살아라

김영안 · 전익균
공저

도서출판 새빛
AEVIT

자신의 직장 인생을 10 단위로 나누어 생각하라

우리가 한평생을 살아가면서 직업을 구하는 일은 계속된다. 이미 평생 직장의 시대는 사라졌다. 오직 평생 직업만이 존재한다. 직업이란 과학이 아니라 기술이다. 직업을 선택하는 일에 대해서는 속 시원한 해답은 없다. 때에 따라서는 운에 따라 좌우되기도 한다.

수많은 직장인들이 자신의 적성과 능력에 맞는 직업을 찾지 못해 적잖은 고뇌와 괴로운 심경을 안고 살아간다. 뿐만 아니라 자신의 일에 염증을 느끼면서도 생계를 위해 도살장에 끌려가는 소마냥 매일 아침마다 꾸역꾸역 출근길에 나선다.

취업을 앞둔 요즘 20대 젊은 친구들은 의외로 직업을 쉽게 결정한다. 진

4

지하게 고민하지 않을 뿐만 아니라 아예 판단이나 고민의 필요성조차 느끼지 못하는 것 같다. 그저 꼬박꼬박 월급이나 받으면서 정년이 될 때까지 안정적으로 다니면 그만이라고 생각하는 듯하다.

자신의 직업에 대해 한번쯤 깊게 생각해본 적이 있는가? 한 취업 포털에서 직장인에게 '현재 내가 일하고 있는 직장에서의 일이 자신이 희망했던 일인가?' 라고 설문조사한 결과, '아니다' 라고 답한 사람이 무려 53.5%였다. 뿐만 아니라 사회 초년생인 직장 1년차들조차도 이직률이 30%가 넘는다고 한다.

과연 우리의 삶에서 직업이란 무엇일까? 우리가 살아가는 데 필요한 직업이란 '배움' 이고 '만족' 이며 '변화' 이다. 우리는 평생 남의 고용살이를 위해 이 세상에 태어난 것은 아니다. 우리는 마땅히 원하는 일을 하면서 살아야 한다. 처음에는 대부분 회사에 입사하여 직장생활을 시작하지만 수도 없이 자기만의 사업을 꿈꾸며 창업을 계획한다. 지금 아니면 영영 못할지도 모른다는 생각에 실행에 옮기려고 하지만 막상 실천은 쉽지 않은 것이 현실이다.

자유롭게 원하는 일을 하면서 살기 위해서는 자신의 직장 인생을 10 단위의 큰 사이클로 나누어 생각해야 한다. 20대는 열정, 30대는 변화, 40대는 도전, 50대는 창의의 시대이다. 또한 30세까지 돈을 버는 방법을 배우고, 50세까지 돈을 쓰는 방법을 배운다면 50세 이후의 삶은 풍요로움으로 가득 찰 수 있다.

현대는 '멀티 잡(Multi job)의 시대'이다. 동시에 여러 일을 하는 투 잡스(two jobs), 쓰리 잡스(three jobs)도 있다. 단순히 직장만을 구하는 것이 아니라 직업에 대한 커리어 패스(career path)를 계획하고 준비해야 할 때가 왔다.

일에서 행복을 느끼려면 다음의 세 가지가 필요하다. 첫째, 자기에게 맞는 일을 할 것, 둘째, 너무 많은 일을 하지 말 것, 셋째, 일에서 성공을 느낄 것이다. 이 세 가지에 한 가지를 추가한다면 직업은 그대의 인생 자체이면서 그대의 행복 자체여야 한다는 사실이다.

이 글은 한 조직 내에서 직급이 다른 직장인 네 명과 은퇴자를 통해 저마다의 애환과 조직생활의 고단함 그리고 성취감에 대해 이야기한다. 치열한 전쟁터에서 퇴근한 후 동기 혹은 친구들과 소주잔을 기울이며 나누는 그들의 대화에서 대한민국에서 직장인으로 사는 일의 고충과 희망을 생생히 엿볼 수 있을 것이다.

이들의 대화를 통해 각 직급에 따라 새로 배워야 할 자기계발과 처세, 인생 플랜 등 직장인에게 필요한 자질을 키워 스스로에게 맞는 직업을 선택할 수 있기를 바란다. 그것이 내가 이 책을 쓴 이유이다.

끝으로, 이 책이 세상에 나오게 되기까지 수고하신 모든 분들께 감사의 말을 전한다.

2009년 10월 남쪽 하늘 아래 석산재에서

김영안

C O N T E N T S

머리말 : 자신의 직장 인생을 10 단위로 나누어 생각하라 · 4

프롤로그 : 20대를 위한 취업 인터뷰 필살기 · 10

PART 1

입사 후 3년은 귀머거리 3년, 벙어리 3년

냉혹한 현실부터 배워라 · 27

직장은 총성 없는 전쟁터 · 32

회의, 회의, 끝없는 회의의 지겨움 · 41

오늘도 또 야근이야? · 48

첫 승진, 이보다 더 좋을 순 없다 · 52

Lesson 1 샐러리맨의 생존력 : 열정 – 즐거움의 렌즈로 세상을 바라보라 · 57

Working Life Tip 1 신입사원을 위한 직장생활 10계명 · 60

PART 2

대리 과장들의 커리어 키우기 전쟁

분위기 메이커 김 과장의 회식 공포증 · 65

공부하는 독종으로 살아가기 · 71

영어 잘하는 사람이 연봉도 높다 · 81

직장인의 새로운 점심 풍속도 '런치터디' · 87

복어의 간, 먹을까 말까 · 94

Lesson 2 샐러리맨의 생존력 : 변화 – 나의 '변화력'을 키워라 · 99

Working Life Tip 2 커리어 로드맵을 그려라 · 101

PART 3

중견 간부들의 비애와 새로운 고민들

한 부장, 새로운 영업맨이 되다 · 105

프레젠테이션은 인생이다 · 115

조 차장이 창업에 실패한 이유 · 123

행운은 신중하게, 불행은 인내로 받아들여라 · 132

'그래, 다시 시작하는 거야' · 140

Lesson 3 샐러리맨의 생존력 : 도전 – 1만 번의 실패가 아니라 1만 번의 실패 이유를 배워라 · 150

Working Life Tip 3 40대, 10년 동안 해야 할 일곱 가지 · 152

PART 4

임원급 간부들의 자기 경영 기술

용장 밑에 약졸 없다 · 157

정보 제공자로 나서서 인맥을 넓혀라 · 165

체력이 곧 능력이다 · 175

시간은 '여행용 가방', 네 귀퉁이의 빈 시간을 살려라 · 180

Lesson 4 샐러리맨의 생존력 : 창의 – 창조 바이러스를 온몸에 퍼뜨려라 · 189

Working Life Tip 4 50대, 건강이 최대의 경쟁력이다 · 192

PART 5

은퇴 후 '골드 실버'의 꿈

나는 '미운 오리 새끼'일까, '백조'일까 · 197

공부와 은퇴 준비는 평소에 하라 · 202

골드 실버의 꿈, 거침없이 하이킥! · 207

Working Life Tip 5 은퇴 이후 30년, 핫 에이지의 삶 · 215

20대를 위한 취업 인터뷰 필살기

1

'독심술이라?'

서류를 훑어보던 김 이사가 중얼거렸다. 면접자인 박명준의 〈취미 특기〉 난에 독심술이라고 적혀 있었던 것이다. 대부분 영화 감상, 독서, 여행 등이 많고, 간혹 스킨스쿠버라든지 암벽 등반 등 독특한 취미를 가진 사람도 있지었만 독심술이라고 쓴 응시자는 처음이었다.

"박명준 씨, 독심술을 배우셨나요?"

면접관인 김 상무는 매우 궁금해서 명준에게 질문했다.

"아닙니다."

"그래요? 그런데 왜 특기가 독심술이라고 했지요?"

김 상무는 의아한 얼굴로 재차 질문을 했다.

"네, 그것은 저에게는 다른 사람을 배려하는 버릇이 있습니다. 그래서 주위 사람들이 무엇을 원하는지를 먼저 파악해 편하게 해주다 보니 모두들 제게 독심술을 하냐고 묻곤 합니다. 그래서 저에게 남의 생각을 읽는 독심술의 특기가 있다고 생각하는 것입니다."

명준은 조금도 주저함 없이 또박또박 대답했다.

"허, 재미있는 친구네."

면접을 같이 하던 다른 면접위원들도 처음에는 어리둥절하다가 나중에는 같이 웃었다. 명준은 속으로 쾌재를 불렀다. 계획했던 대로 면접위원들의 관심을 끌었고, 준비된 답을 말해 점수를 얻었기 때문이다.

2

한 달 전, 월요일 오후 2시.

취업 준비를 하는 다섯 명이 신촌에 있는 카페 '민들레 영토'에 모였다. 인터넷을 통해 모인 취업 동아리다.

"오늘의 주제는 자기소개서 작성에 관한 것입니다."

"자, 각자 작성해온 자기소개서를 한 번 봅시다."

모임의 총무 역할을 맡은 찬주가 말을 꺼냈다. 각자 작성해 온 서류를 교환해 훑어보았다.

"아니, 취미가 이것밖에 없나?"

영란이 투덜거렸다. 독서, 음악 감상, 영화 감상, 여행, 등산 등 하나같이 천편일률적인 답변뿐이다. 그동안 수많은 낙방의 고배를 마신 준섭이 취업에 성공할 수 있는 방법을 설명했다. 그는 이미 취업 재수생으로 이력서만 100군데 이상 낸 베테랑이다.

"직장을 구하려면 집안 배경이 탄탄하거나 충분한 능력이나 인격적 요소를 갖추어야만 해요. 만약 누군가가 이 요소 중 하나만 가지고 있다면 그는 쉽게 직장을 구할 수 있어요. 두 개를 갖고 있다면 그는 직장을 선택해 갈 수 있지요. 이 세 가지를 모두 갖고 있다면 어디든 들어갈 수가 있어요. 자, 그런데 여러분은 이 중 몇 개를 가지고 있나요?"

모두들 묵묵부답이었다. 여기 모인 사람들은 배경이나 능력 그리고 학력 등 믿을 만한 게 하나도 없었다.

"그렇다면 이런 평범한 내용으로는 면접 위원의 주목을 끌 수 없어요. 수많은 경쟁자들과 뭔가 다른 것이 있어야 면접 위원의 눈에 뜨이지 않겠어요?"

명준은 곰곰이 생각해보았다.

'내가 다른 사람과 차별화될 만한 것을 가지고 있나?'

아무리 생각해도 특별한 취미나 특기라고는 하나도 내세울 것이 없었다.

'면접 위원의 관심을 끌 수 있는 특기라?'

3

컴퓨터를 켜니 메일이 와 있다는 알림 메시지가 떴다. 클릭해보니 지원했던 회사에서 온 메일이다.

축하합니다. 박명준 님.

당사에 합격되었음을 통보합니다.

첨부된 구비서류를 가지고 25일 9시까지 당사 인사부로 나오십시오.

- 인사 담당자 최명길

명준은 메일을 확인하고도 믿기지가 않았다. 너무 기뻐서 한동안 흥분이 가라앉지 않았다. 그동안 떨어질 때마다 얼마나 낙심했던가? 두 뺨에 눈물이 주르륵 흘러내렸다.

이 세상 어딘가에는 반드시 나를 필요로 하는 곳이 있으리라, 희망과 용기를 갖고 끝까지 구직활동에 발품을 팔고 정성을 들였다. 그 노력에 하늘도 감동했을까? 모든 게 감사할 따름이다. 갑자기 온 세상이 달라 보였다. 하늘의 색깔도, 대기 중의 공기도 다 다르게 느껴졌다. 명준은 입가에 미소를 띠고 이 기쁜 소식을 누구에게 먼저 알릴까 생각했다.

"건배!"

다섯 잔의 맥주잔이 허공으로 높이 들어올려졌다. 단숨에 한 잔을 다 비웠다.

"축하한다, 명준아. 네가 우리 동아리에서 제일 처음 합격했어."

동아리 멤버들은 부러운 듯 명준을 축하해주었다. 명준이 맥주를 잔에 다시 채우고 채웠다.

"자, 이 기운을 받아 모두 금년에는 백수를 면해야지."

명준은 네 사람의 잔에 맥주를 가득 채웠다. 그리고 기를 넣는 제스처를 썼다.

"그래, 우리 동아리 첫 합격자의 기를 받아 모두 합격하자. 건배!"

준섭이 다시 건배를 제의했다. 연거푸 두 잔을 들이키고 나니 조금 얼떨떨해졌다.

"그런데, 비법이 뭐냐?"

찬주가 물었다.

"비법은 무슨 비법, 우리 다 같이 열심히 했잖아. 다만 내가 운이 좋았던 거지."

명준은 그저 빙긋이 웃으며 말했다. 사실 '독심술 전략'이 크게 작용한 것도 사실이다. 모처럼 명준이 한 턱을 쏘는 자리라서 모두들 진창 마셨다. 그동안 백수라서 술 한 번 제대로 마시지 못한 설움을 오늘 다 날려보내려는 듯 모두 고주망태가 되어서 지하철역으로 향했다.

4

명준은 인문계열로 대학생활을 그저 평범하게 보냈다. 남들처럼 미팅하고 축제를 즐기고 시험 때는 벼락치기 공부를 했다. 그런데 졸업반이 되고 나니 주변에서 친구들이 하나둘 보이지 않았다. 취업 준비를 하기 시작한 것이다.

명준은 졸업 논문을 준비하러 도서관에 들렀다. 막상 도서관에 들어서니 자리가 없었다. 빈 자리를 찾아 한참을 헤매다 보니 같이 어울렸던 친구들이 자리에 앉아 열심히 공부하고 있는 것을 알았다. 가장 친한 찬석을 발견하고 다가갔다.

"야, 임마, 너 뭐해? 졸업 논문 쓰냐?"

명준은 찬석의 어깨를 툭 치면서 작은 소리로 속삭였다.

"어? 명준이구나?"

찬석은 깜짝 놀라면서 얼른 책을 덮었다.

명준은 찬석이 감추는 책을 집으면서 물었다.

"이게 뭔데?"

토익(TOEIC) 문제집이었다. 찬석은 잽싸게 뺏어 가방에 넣고는 명준을 끌고 밖으로 나왔다. 둘은 밖으로 나와 커피를 마시며 이야기했다.

"아니, 시험도 끝났는데 뭘 공부하는 거야?"

"응, 영어 공부."

찬석은 대수롭지 않은 듯 대답했다. 명준은 때늦게 영어 공부라니 의아한 듯 물었다.

"왜?"

"너! 정말 몰라서 묻는 거야?"

찬석은 그런 명준이 오히려 이해가 되지 않았다.

"그래, 임마."

"야, 이 자식 봐라, 천하태평이네. 너 취직 안 할 거야?"

명준은 '취직'이라는 말에 정신이 번쩍 들었다.

"그래, 4학년이지. 졸업하면 취업해야 하는구나. 교수님이 알선해주지 않겠어?"

명준은 쓸데없는 소리인 줄 알면서도 아무 생각 없이 내뱉었다.

"놀고 있네. 야 임마, 취업 경쟁이 얼마나 살벌한데 그런 배부른 소리하냐?"

찬석은 별 싱거운 놈 다 보겠다는 듯한 표정을 짓고는 이내 도서관으로 들어갔다. 혼자 남은 명준은 그 자리에서 처음으로 취업에 대해 진지하게 생각했다. 도서관에서 논문 준비를 마치고 집으로 돌아온 명준은 인터넷으로 취업 정보를 찾아보기로 했다. 때마침 이번 토요일에 코엑스(KOEX)에서 취업 박람회가 열린다고 했다.

"코엑스라, 그래, 어떤 취업 자리가 나왔나 한번 가볼까?"

명준은 토요일 늦은 아침을 먹고 한가롭게 코엑스 취업 박람회를 찾았다. 박람회 입구에 도착하니 이미 입장을 기다리는 사람으로 발 디딜 틈이 없는 것을 보고 명준은 깜짝 놀랐다.

다행히 명준은 인터넷으로 사전 등록을 해서 많이 기다리지 않고 입장할 수 있었다. 전시 규모가 어마어마했다. 박람회장은 그야말로 인산인해였다. TV방송 3사도 저마다 취재에 여념이 없었다.

'정말 취업 전쟁이 따로 없구나. 이 사람들이 모두 취업하려고 모인 거란 말이지?'

명준은 반나절 발품을 팔면서 이곳저곳을 기웃거렸다. 하지만 큰 성과는 없었다. 취업 상담도 있었지만 주로 중소기업에, 단순 계약직이 대부분이었다. 그래도 오늘 얻은 소득은 취업의 트렌드를 안 것과 취업이 만만치 않다는 사실을 깨달은 것이다.

명준은 본격적으로 취업 전선에 뛰어들기 위해 학교의 취업 센터에 들렀다. 취업 센터에는 각종 구인 광고가 붙어 있었고 취업 상담을 하는 직원도 있었다. 전문적인 취업 상담은 매주 월요일 오후 2시에 전문 컨설턴트가 해준다고 했다.

직원은 명준에게 미리 예약할 것을 종용했지만 명준은 무엇을 상담해야 할지도 모르는, 그야말로 자신의 취업 진로에 대해서는 백지 상태였다. 일단 스스로 방법을 찾아보기로 했다.

5

필승 취업 정모, 월요일 2시 신촌 민토

핸드폰 문자 메시지가 왔다. 그동안 명준이 인터넷을 뒤져 가입한 취업 동아리에서 온 문자이다. 그 동아리 이름은 '필승 취업'이다. 이름이 마음에 들어 가입했는데, 오늘이 동아리 첫 모임이 있는 날이다. 작년부터 모임을 지켜온 사람은 준섭과 찬주, 오늘 새로 온 신입회원은 박명준과 최영란 그리고 조성일을 포함해 세 명이다. 다섯 명이 민토에서 모여 자기소개를 했다.

"제 이름은 최영란이고요, H대학 사회학과 4학년에 재학 중이에요."

"저는 S대학 물리학과 4학년인 조성일입니다. 잘 부탁드립니다."

"저는 M대학 영문과 4학년 박명준입니다."

명준이 신입회원으로 맨 마지막에 자기소개를 했다. 동아리 고참인 준섭은 간략히 자기소개만 했고, 총무 역할을 하는 찬주는 자기소개를 한 다음 모임의 취지에 대해 설명했다.

"우리 동아리는 반드시 취업을 한다는 취지에서 이름도 '필승 취업'이라 지었습니다. 우리 동아리는 취업을 위한 모든 과정에 대해 정보를 공유하고, 합심하여 전원 취업이 되도록 최선을 다할 것입니다."

마치 국회의원의 선거 유세처럼 이야기했다. 영란이 우스웠던지 웃음을 못 참고 킥킥거렸다. 보다 못해 준섭이 나섰다.

"우리 모임은 주 2회 모이는데 주로 정보 공유, 서류 첨삭, 모의 인터뷰 등을 합니다. 대부분 취업 정보 공유나 자기소개서 점검은 민토에서 하고, 모의 인터뷰나 발표는 토즈에서 합니다. 장소와 시간은 그때그때 각자 핸드폰으로 알려드립니다."

그때 성일이 질문을 했다.

"회비는 얼마죠?"

"그때그때 비용을 똑같이 분담합니다."

찬주가 친절하게 알려주었다. 명준의 취업 준비는 이렇게 시작되었다.

6

2주 전, 진일전자의 1차 면접 때의 일이다.

"최재성 씨, 지금까지 살아온 중에 가장 기억에 남을 만한 경험이나 어려움이 있으면 말해주세요."

"저는 지난 학기에 호주에 어학연수 갔을 때가 가장 어려웠던 같습니다.”

최재성은 마치 어학연수를 갔다 온 것을 자랑하듯이 대답했다.

“이은성 씨, 같은 질문에 대해 답해주시지요.”

면접 위원은 옆 자리의 이은성에게 물었다.

“예, 저는 유럽 배낭여행이 가장 인상에 남고 또 가장 힘들었습니다.”

면접 위원은 똑같은 질문을 해보지만 항상 답은 비슷했다. 어학연수 아니면 배낭여행이다.

“박명준 씨는?”

면접 위원은 시큰둥하게 물었다. 명준은 잠시 뜸을 들인 다음 차분하게 대답했다.

“저는 장애우 봉사를 할 때가 가장 힘들었습니다.”

면접 위원은 서류에서 고개를 들고 명준을 관심 있게 쳐다보고는 다시 물었다.

“장애우 봉사가 힘들었다고요? 그런데 왜 봉사를 했습니까?”

“봉사하는 일이 힘들었다는 의미가 아닙니다.”

면접 위원은 호기심을 가지고 재차 물었다.

“그렇다면 어떤 점이 어려웠나요?”

“물론 육체적으로도 힘들었지만 그보다는 진심으로 그분들을 배려하는 마음을 가져야 하는 것이 더 힘들었습니다. 그들에게 눈높이를 맞추는 것이 어려웠습니다. 진정한 마음에서 우러나오지 않는 봉사는 봉사가 아니라 사역이라고 생각합니다.”

면접 위원은 모처럼 신선한 답을 들은 듯 고개를 끄덕였다. 면접 위원들은 질문에 대한 모범 답안을 원하는 것이 아니다. 뭔가 참신한 답을 원한다. 그리고 자기 의견을 얼마나 조리 있게 말하느냐를 본다. 면접 위원들은 학벌이나 자격증을 앞세운 지원자보다는 실무에 강할 것 같은 명준에게 높은 점수를 주었다.

7

오늘은 다섯 명이 민토에서 모였다.

"자, 자기소개서 체크에 들어가기 전에 각자 준비해온 시사 브리핑을 하도록 합시다."

시사 상식 관련 취업 인터뷰에 대응하기 위해 한 사람이 신문 한 종류씩을 맡아 요약해서 발표하는 시간이다. 면접 때 더러 시사에 관련된 질문이 나오기 때문이다. 이렇게 한 신문씩 맡아 발표하면 짧은 시간에 5개 신문을 읽는 셈이 된다. 영란이 먼저 한국경제신문을 요약해 설명했다. 각자 나누어 맡은 신문의 기사들을 차례로 요약해서 발표했다.

"다음은 각자 써온 자기소개서를 검토해봅시다."

준섭이 준비한 자기소개서를 먼저 돌렸다. 이런 식으로 다섯 장의 자기소개서를 돌아가면서 체크하는 데 4시간이 훌쩍 지나갔다. 이곳은 간단히 요기를 해결할 수 있고, 회의실 사용 시간도 4시간이어서 부담 없이 모일 수 있다.

"다음 모임은 목요일 2시 토즈입니다. 그날은 모의 인터뷰가 있겠습니다.”

　총무인 찬주가 모임을 끝내고 다음 모임을 안내했다. 처음에는 생소했던 것이 점차 친숙해지면서 실력도 조금씩 늘었다. 혼자 고군분투하는 것보다 여럿이 정보를 공유하고 첨삭해주니 취업을 준비하는 데 많은 도움이 되었다. 명준은 처음으로 쓴 자기소개서를 보고는 피식 웃었다. 참으로 유치하기 그지없었다.

　“저는 평범한 직장인의 가정에서 태어났습니다. 공무원인 아버지와 교사인 어머니 그리고 위로는 누나와 아래로 남동생이 있습니다. M대학 영문과에서 열심히 공부해 우수한 성적으로 졸업하였습니다. 저의 능력을 귀사에서 발휘하고 싶습니다. 기회를 주신다면 몸과 성의를 바쳐 열심히 하겠습니다.”

　마치 무슨 유치한 소설의 한 대목을 읽는 기분이었다. 마침내 여러 사람이 머리를 맞대어 수정한 명준의 새로운 자기소개서가 완성되었다.

　“대학생활 동안 성적은 그리 좋지 않습니다. 하지만 전공 과목은 기본에 충실하였고, 그 외 시간에는 다양한 경험과 인맥을 위해 10개 동아리에서 활동했습니다. 그중에서 1만 명의 회원을 보유한 카페의 운영자로 활동하며 조직생활의 기본을 익혔습니다. 뿐만 아니라 장애우를 돕는 봉사활동에도 열심히 참여했습니다. 조직생활에서 일하는 데 필요한 리더십과 대인관계 능력을 우선적으로 계발하는 데 더 많은 시간을 보냈습니다.”

　그 주 목요일 오후 2시, 토즈의 회의실. 토즈의 분위기는 민토와는 사뭇

달랐다. 전형적인 세미나실이다. 각종 기자재, 노트북 피시(PC), 빔 프로젝터(Beam Projector) 등 발표에 필요한 좋은 시설들이 준비되어 있었다. 하지만 비용이 다소 비싸고 회의실 대여 시간도 민토에 비해 짧다. 그래서 모임의 성격에 맞게 두 곳을 번갈아 이용한다. 오늘은 모의 면접을 하는 날이다. 경험이 많은 준섭이 면접관이 되어 질문을 했다.

"지금까지 살아온 중에 가장 기억에 남을 만한 경험이나 어려움이 있으면 말해주세요."

잠시 생각에 골몰한 사이에 벌써 지하철이 교대역에 도착했다. 황급히 지하철에서 내려 출구로 나왔다. 밤공기가 매우 차가웠다. 술이 확 깨는 듯했다.

취업은 성적순이 아니다. 철저한 준비만이 취업 전선에서 승리할 수 있다. 물론 다소 운도 따라야 한다. 마치 족집게 과외 선생이 내준 예상 문제가 나와 시험을 잘 보듯이 취업 역시 상대를 잘 분석하고 준비하면 어려울 것이 없다. 취업은 준비된 자의 것이다.

명준은 길다면 길고 짧다면 짧은 3개월 동안의 취업 준비 끝에 입사를 했다. 내일은 첫 출근 날이다. 이제 본격적인 직장생활이 시작될 것이다.

취업 · 인사포털 인크루트(incruit)는 입사 2년차 이내의 새내기 직장인 849명을 대상으로 '합격을 예감하게 하는 면접관들의 말과 행동'에 대한 설문조사를 실시했다. 그 결과, 전체의 86.8%(737명)가 면접관들의 말이나 행동을 통해 합격을 직감한 경험이 있는 것으로 나타났다. 특히 이들 중 89.7%(661명)는 이런 직감이 실제로 합격으로 이어졌다고 응답했다.

'합격임을 직감케 한 면접관의 행동'은 '내 이야기에 긍정적으로 맞장구쳐줄 때' (47.9%)란 응답이 가장 많았다. '내게만 집중적으로 질문할 때'(36.8%)도 좋은 신호로 인식됐다. '계속 눈을 마주치고 바라볼 때'(33.9%), '얼굴에 미소가 번질 때'(32.7%), '고개를 자주 끄덕일 때'(31.1%), '내 입사지원서를 주의 깊게 볼 때'(24.0%), '답변에 실수가 있어도 유연하게 넘어가 줄 때'(21.0%), '면접관들이 서로 질문을 하려고 할 때'(7.3%), '옆 면접관들과 뭔가를 속삭일 때'(5.2%) 등으로 나타났다.

'합격을 직감케 하는 면접관의 말'로는 "합격하면 바로 일할 수 있나요?"(63.6%), "합격한다면 잘할 수 있겠어요?"(33.8%)가 가장 많았다. 또한 "인상이 참 좋으시네요" (24.4%), "좋은 결과 있기를 기대합니다"(20.5%), "결정되면 바로 연락 드리겠습니다" (16.4%), "네, 그 정도면 됐습니다"(7.3%), "그 대답은 참 잘하셨습니다"(5.4%) 등의 응답이 나왔다.

PART 1

입사 후 **3년**은
귀머거리 **3년**, 벙어리 **3년**

20대는 시작이다. 아직 초라하지만 기회만 주어지면 뭐든 열심히 잘할 자신이 있다. 젊음이란 온갖 실수를 저지를 수 있는 기회인 동시에 그 실수를 극복할 기회이기도 하다. 오직 젊은 패기와 열정만이 전 재산이다.

대한민국 샐러리맨, 거침없이 살아라

SALARIED MAN

CHAPTER 1

냉혹한 현실부터 배워라

"자, 여러분의 소지품을 모두 박스에 넣으세요."

한 무리의 젊은이들이 버스에서 내렸다. 인솔자가 개인별로 종이박스를 나누어주면서 이야기했다. 20여 명의 젊은이들은 영문도 모른 채 박스를 받아들고 각자 소지품을 꺼내넣었다. 이 과정은 신입사원 교육 과정 중 하나로 '라마드(LAMAD: Life Adjustment Marketing Ability Development)'라고 하는 판매 실습 교육이다. 일주일 동안 진행된 진일그룹 신입사원 연수 과정의 마지막 단계이다. 야외 수업이라고 해서 모두들 들떠 있었다. 매일같이 계속되는 지겨운 연수원을 벗어나 현장 교육을 한다고 하니 다들 좋아라 한 것이다. 그런데 실상은 그게 아니었다.

"웬 황당한 시츄에이션?"

떠벌이 성일이가 한마디 거들었다. 그러자 연수 담당자가 성일을 날카롭게 쳐다보았다. 성일은 농담할 분위기가 아님을 눈치 채고 고개를 돌렸다. 모두들 신분증만 남기고 모든 소지품을 연수 담당자에게 맡겼다. 그리고 회사 제품인 시계와 카세트 등을 배급 받았다.

"지금부터 여러분들은 각자에게 지급된 물건을 팔아서 이곳으로 다시 모이십시오. 우리는 오후 6시에 이곳에서 여러분들을 기다리고 있겠습니다."

이 말을 남기고 연수 담당자는 매정하게 버스를 타고 돌아갔다. 20여 명의 신입사원들은 어찌할 바를 모르고 잠시 멍하니 있다가 하나둘씩 각자의 길을 찾아 떠났다.

"저…… 진일그룹의 신입사원인데요. 현장 영업 실습 나왔습니다. 필요하신 것 있으시면 사세요!"

숱하게 연습했건만 방문 거래처에서는 목소리가 제대로 나오기는커녕 엉거주춤 서 있거나, 그냥 물건만 주섬주섬 꺼내놓고 눈치만 보기도 했다. 어디에서는 아예 잡상인 취급으로 문전박대를 당하기도 했다. 동네 구멍가게, 약국, 철물점, 제과점을 돌면서 소위 대학 출신의 일류 회사 직원이라는 자존심은 여지없이 깨졌다.

'도대체가 이게 무슨 꼴이야? 다 때려 치워?'

명준은 화가 나서 그만둘까 생각도 했다. 하지만 여기서 물러설 수는 없다. 슬그머니 오기가 생겼다.

'그래, 오후 여섯 시까지라고 했지?'

명준은 마음을 다져먹고 다시 길거리로 나섰다. 그렇게 비참한 모습으로 헛바퀴만 돌다 보니 배도 고프고 몰골도 말이 아니었다. 그러나 지금 그걸 신경 쓸 때가 아니었다. 여섯 시까지 들어가야 하는데, 물건을 팔지 못하면 빈털터리 주머니에 돌아갈 차비도 없으니 그야말로 속수무책이다. 물건을 팔지 못하면 오도 가도 못하는 처량한 꼴이 된다.

명준은 지금까지 그저 물건을 사보기만 했지 무엇 하나 팔아본 적이 없다. 하지만 '궁즉통(窮卽通)', 즉 궁하면 통한다고 하지 않던가! 명준은 무작정 아무 곳이나 들어가 통사정을 했다. 때로는 처량하게, 때로는 당당하게 이 제품이 왜 좋은지 열변을 토했다. 하늘은 스스로 돕는 자를 돕는다고 했던가! 오후 5시쯤 되어서야 한 약국의 아주머니가 몰골이 초췌한 젊은이가 안쓰러웠는지 시계를 사주었다.

"젊은이, 내 아들 같아서 사주는 거야."

"고맙습니다. 고맙습니다."

연거푸 감사의 절을 하고 약국을 나왔다. 드디어 팔았구나, 명준은 뛸 듯이 기뻤다. 이제 편한 마음으로 집합 장소로 가면 된다. 룰루랄라 콧노래를 부르며 가벼운 걸음으로 집합 장소로 향했다. 6시 무렵이 되어서야 하나둘 사람들이 모이기 시작했다. 일부는 밝은 표정으로, 일부는 울상이 되어서 나타났다. 정각 6시가 되자 회사 버스가 광장에 나타났다.

"자. 여러분, 지급된 물건은 다 팔았는지요?"

"예!"

대부분 다 팔고 왔기 때문에 대답 소리는 우렁찼다.

“아니오.”

두 사람이 모기만한 소리로 말했다.

“어쨌든 수고하셨습니다. 모두 차에 오르세요. 이제 연수원으로 돌아갑니다.”

이는 신입사원들의 일종의 극기 훈련 과정의 하나이다. 젊은 패기와 열정으로 ‘나는 할 수 있다(I can do it)’는 자신감을 불어넣는 교육이었다. 연수원에 돌아오니 뷔페가 차려져 있었고, 몇몇 회사 임원들이 기다리고 있었다.

“그동안 고생 많으셨습니다. 이 중에는 영업 현장에서 근무할 사람도 있고, 관리 업무에 배치될 사람도 있습니다. 하지만 어느 부서에 가더라도 영업은 반드시 알아야만 합니다. 사람은 물건을 사는 것에서 배우는 것이 아니라 물건을 파는 것에서 배운다고 했습니다. 영업을 하려면 제품을 알아야 하고 기획과 마케팅에도 능통해야 합니다. 또 회사 업무의 흐름을 한눈에 읽을 수 있어야 합니다. 영업을 잘하면 회사에서 성공할 확률이 높습니다. 영업은 꿈이 아니라 냉혹한 현실이라는 것을 오늘 느꼈을 것입니다. 영업은 그저 물건을 파는 것이 아니라 고객 마음속에 있는 것을 꺼내오는 것입니다. 일주일 동안 호된 신고식을 마쳤으니 이제 여러분은 진일그룹의 정식 사원이 되셨습니다. 다음 주에 여러분들이 근무할 부서에 배치될 것입니다. 건투를 빕니다.”

연수원장의 인사말로 일주일 과정의 연수는 끝이 났다. 연수생 전원은 그동안 힘들었던 연수의 부담을 털어내고 마음껏 먹고 마셨다. 이번 연수

30

는 일주일 과정이었다. 경제위기로 2주 과정이 1주로 단축된 것이다. 그래서 2박 3일의 산업 시찰도 생략되고, 대신 평일에 저녁을 먹고 2시간 강의를 더 들어야 했다.

월요일부터 금요일까지 매일 8시간 이상 강의를 듣고 있으려니 여간 힘든 게 아니었다. '학생 때 지금처럼 공부했으면 4년 내내 장학금 받으며 학교 다녔을 텐데……' 하는 생각에 명준은 피식 웃음이 났다. 어쨌든 일주일의 연수 과정은 모두 끝났다.

'나도 다음 주부터는 진일전자의 정식 직원이 된다!'

명준은 마음속으로 크게 외쳤다.

CHAPTER 2

직장은 총성 없는 전쟁터

'아니, 내가 이따위 복사를 하려고 대학을 나오고 취업 공부에 목숨을 걸었단 말이야?'

명준은 은근히 부아가 치밀어올랐다. 발령받은 지 3개월이 지났는데도 변변한 일거리 없이 오늘도 복사기 앞에서 보고자료 20부를 복사하고 있다. 복사를 중단하고 복도에 나가 자판기에서 커피 한 잔을 꺼내들고 창가로 갔다.

명준은 나름대로 열심히 취업 준비를 한 결과 진일전자에 합격했다. 그리고 연수를 마치고 부서에 배치를 받아 첫 근무를 시작했다. 꿈에 그리던 첫 직장생활을 시작한 것이다. 세상을 모두 다 얻은 듯한 기분으로 꿈에 부풀어 있었다. 명준은 이제 부모님으로부터 독립해 원룸에서 생활하고, 자가용도 사고, 헬스클럽에서 운동도 하는 그런 멋진 인생이 자신의 앞에 기다리고 있다고 생각하니 마음이 설레었다. 자기만의 드라마가 준비되어 있다고 생각한 것이다.

하지만 현실은 드라마가 아니었다. 이런 환상이 깨지는 데는 그리 시간이 오래 걸리지 않았다. 직장생활이란 그렇게 재미있고 즐거운 곳만은 아니었다. 게다가 신입사원이라 제대로 된 업무를 처리하기보다는 선배의 보조 역할을 하다 보니 잔심부름이 많았다. 빈 생수통을 바꾸는 것은 기본이고, 형광등을 교체하는 일까지도 신입사원의 몫이었다. 별 중요하지 않은 잡무 때문에 매일 야근을 하다 보니 자기계발이나 운동을 할 여유도 없었다.

출퇴근도 힘들기는 마찬가지였다. 자가용은커녕 지하철이라도 편히 탈 수 있었으면 싶었다. 대중교통을 이용하려면 여간 고생스럽지 않다. 마을버스를 타고 다시 지하철을 타고, 다시 환승역에서 다른 지하철로 갈아타야 한다. 출근시간의 지하철은 말 그대로 지옥철이다. 매일 만원 지하철에서 시달리다 보면 출근하기도 전에 진이 다 빠져버린다. 이렇게 아침 출근에 진을 빼고 나면 오전이 어떻게 지나가는지 정신이 없다.

점심시간에는 회사 주변의 좁은 골목에 있는 식당으로 간다. 그곳에서 길게 줄을 서서 기다려 한 그릇 얻어먹고 나온다. 내 돈 주고 밥 먹는 것도 전쟁이다. 옆 식당에 아무리 자리가 많이 있어도 다들 줄이 길게 늘어선 집을 고른다.

명준이 담당하는 일은 본사의 관리 업무라서 노동 강도가 그리 세지 않은 편이다. 일과는 대부분 정시에 끝난다. 오후 일과를 마치고 나면 공연히 술 마실 건수를 만든다. 직장 선배인 이 대리는 술을 좋아해서 끝장 볼 때까지 마시는 버릇이 있어 때로는 자정을 넘겨 택시로 귀가하기도 한다.

'내가 겨우 이 꼴로 일하려고 회사에 취직했나?'

명준은 빈 커피 잔을 들고 잠시 생각에 빠졌다. 그런데 주위에서 인기척이 났다.

"그래, 일은 할 만해?"

누군가 다가와 말을 걸었다. 같은 부서의 선배인 박창환 주임이다. 박 주임도 커피가 담긴 종이컵을 들고 있었다.

"아, 선배님, 할 만합니다!"

마치 군대에서 상관을 만나 복창하듯이 자세를 바로 잡고 씩씩하게 대답했다.

"허허, 이 사람, 여기는 군대가 아니야. 그럴 필요 없네. 그리고 내 다 알지, 나도 자네처럼 그런 과정을 다 겪었거든."

박 주임은 직장 3년 선배이자 대학 선배이기도 하다. 그래서인지 다른 직원들보다 훨씬 친절하게 명준을 챙겨주는 편이다.

"자네는 지금 이런 생각을 하고 있을 거야. 내가 대학까지 나와서 이 하찮은 복사나 하고 있다니 정말 한심하네. 이런 생각 말이야. 내 말이 틀린가?"

순간 명준은 박 주임이 자신의 마음을 꿰뚫어보는 것 같아 속으로 움찔했다. 박 주임은 명준의 움찔하는 모습에도 아랑곳하지 않고 계속해서 말을 이었다.

"나도 3년 전에 자네와 똑같이 바로 이 자리에서 창 밖을 보며 그런 생각을 했지."

"아니, 선배님도 그런 생각을 하셨어요?"

"하하, 그렇다니까. 나뿐만 아니라 당신의 1년 선배, 2년 선배 모두들 같은 생각으로 이 자리에서 커피를 마셨지. 아마도 이 자리가 그런 자리인가 봐."

박 주임은 유능한 사원으로 다음 승진 1순위로 촉망 받는 사람이다. 그런 박 주임도 같은 생각을 했다니 믿기지 않았다.

"박명준 씨, 한번 냉정하게 생각해보게나. 누군가가 서류를 복사해야만 하는데 지금 자네가 안 한다면 누가 해야 하지?"

명준은 자신의 바로 1년 선배인 조성래를 떠올렸다.

"글쎄요? 아마 조 선배가 하겠지요."

"그래, 맞아. 그런데 이 일을 조 선배가 하는 것이 좋겠나?"

"아니오, 당연히 제가 해야죠."

명준은 엉겁결에 대답을 했다.

"자, 이제 기분이 좀 풀렸나? 남은 복사를 마저 하러 가야지."

가볍게 커피 한 잔을 하면서 나눈 몇 마디 짧은 대화로 명준은 뭔가

를 깨달았다. 이왕 내가 해야 할 일이라면 즐겁게 하기로 마음을 먹었다. 이렇게 마음을 바꾸니 하기 싫었던 복사도 더 이상 짜증스럽지 않았다. 복사를 다 마치고 분류해 스테이플러로 찍을 때는 저절로 콧노래가 나왔다.

"어이, 명준아. 무슨 좋은 일 있냐? 무슨 일인지 모르지만 저녁 때 소주 한 잔 사라!"

입사 동기인 성일이 한 마디 건넸다.

"어, 성일이구나. 그래 이따 거기서 보자. 까짓것, 뭐 내가 한 번 쏘지."

그래도 따분한 직장생활에 한 가지 즐거움이 있다면 퇴근 후 동기들과 한잔하는 것이다.

도심에 저녁이 찾아오는 오후 6시. 직장인이 목을 빼고 기다리는 퇴근시간이다. 하루 중 가장 행복한 순간이다. 회사 주변의 포장마차들이 저녁 장사 채비를 마치고 손님을 기다리고 있다. 직장인들은 삼삼오오 짝을 지어 포장마차에서 하루의 시름을 털어내고서야 집으로 돌아간다. 괴팍한 상사나 까탈을 부리는 선배를 안주 삼아 소주 한 잔으로 하루의 스트레스를 풀어버린다. 오늘도 어김없이 명준과 성일은 단골 포장마차에 앉았다.

"오늘도 출근했네, 꼼장어하고 소주 한 병, 맞지?"

포장마차 주인아주머니는 반갑게 맞이하면서 이미 익숙한 우리의 단골 메뉴를 확인하고 준비한다.

"그래, 무슨 좋은 일이라도 있었냐?"

성일이 궁금해서 물었다.

"응, 아무것도 아니야. 박 선배 알지? 사람 괜찮은 것 같더라. 다른 놈들은 제 것만 챙기는데 박 선배는 그렇지 않아서 말이야."

명준은 성일에게 낮에 있었던 일을 간단히 설명해주었다.

"오늘 좋은 충고를 해줘서 많은 것을 깨달았지. 그래서 기분이 좋아서 콧노래가 나온 거야."

주인아주머니는 소주와 술잔을 내주면서 국물과 함께 어묵 두 꼬치를 얹어놓았다.

"꼼장어 굽는 동안 먼저 이것부터 먹어요, 서비스야."

그래도 단골이라고 빈속에 소주 먹을까 봐 어묵 꼬치를 서비스한 것이다. 둘은 서로 잔을 채우고는 건배를 했다.

"근데 한 총각이 안 보이네, 싸웠어?"

주인아주머니가 꼼장어 접시를 내밀면서 성찬의 근황을 물었다.

"참, 요새 성찬이가 통 안 보이네?"

명준이 성찬의 안부를 물었다. 성찬은 입사 동기로 같은 부처에 근무하는 세 명 중 한 명이다.

"응, 너 그 놈 소식 아직 못 들은 게로구나. 걔 요즈음 야간 대학원에 다녀."

"아니, 웬 대학원?"

"글쎄 말이다. 나는 공부 말만 들어도 머리에서 쥐가 나는데, 그 놈은 공부하고 무슨 웬수가 졌는지, 공부에 한 맺혀 죽은 조상이 있는지 그 지긋지긋한 공부를 또 한다더라."

명준은 뭔가 한 방 맞은 듯한 기분이 들었다. 자기계발이나 운동할 시간
은 없다면서 퇴근길 포장마차에서 소주 한 잔 즐기는 자신이 비교되었기
때문이다.

"그랬어? 언제부터 다녔는데?"

"이번 학기부터 다니니까 이제 두 주일된 것 같은데."

그러고 보니 성찬과 포장마차에서 안 만난 지도 거의 한 달이 다 되어갔
다. 둘은 화제를 바꿔 시시콜콜한 직장생활에서 일어난 이야기로 각자 소
주 한 병씩 마시고는 집으로 향했다. 거의 매일 다람쥐 쳇바퀴 돌듯 반복되
는 일상이었다.

명준이 직장생활을 한 지도 어느덧 반 년이 지났다. 잔무에서는 벗어났
지만 맡은 업무가 단순해 큰 변화가 없는 일상의 반복이었다. 명준이 맡은
일도 한 두어 달 지나자 어느덧 익숙해져 약간 지겹기도 했다. 그러던 중
오늘 아침에 사건이 터졌다. 어제 올린 기획안 때문에 한 부장에게 혼쭐이
난 것이다.

"박명준 씨! 이걸 기획안이라고 올렸어요?"

한 부장은 서류 뭉치를 내던지며 명준에게 호통을 쳤다.

"미래의 인재? 좋아하시네! 인재는 무슨 인재? 인사부 놈들은 눈깔이 다
삐었나? 한심한 친구를 인재라고 뽑아서 영업기획부에 보내다니. 내 참, 한
심해서, 원……. 내일모레까지 다시 만들어놔요!"

한 부장은 시종 못마땅한 눈초리로 혀를 끌끌 차면서 명준을 혼냈다. 내

일이 어린이날인데 모레까지 다시 만들려면 휴일에 쉬기는 다 틀린 일이다. 명준은 모처럼의 공휴일인데 사무실에서 일을 해야 하다니 억울하기도 했다. 하지만 어쩔 수 없는 일이다. 한 부장이 저렇게 난리를 치는데 못하겠다고 할 수는 없었다.

"예, 모레까지 다시 만들어놓겠습니다."

하는 수 없이 명준은 서류를 다시 집어들면서 모기 소리로 대답했다.

"글쎄, 요즘 신입사원들은 뭐가 모자라도 한참 모자란단 말이야. 똑똑한 놈도 많은데, 하필이면 저런……."

한 부장은 뭔가 험한 말을 하려다가 말을 끊었다. 명준 역시 기분이 말이 아니었다. 그냥 참고 들으려니 속에서 뭔가 치밀어오른다. 조용히 자리에서 일어나 복도로 나갔다. 복도 끝에 있는 자판기에서 커피 한 잔을 뽑았다. 창가 쪽으로 가서 커피를 마시며 마음을 달래기 위해서이다.

"걔는 왜 그러니? 좀 모자라 보이지 않니?"

"글쎄, 낙하산이라고 하던데?"

"아니야, 대학을 수석으로 졸업했다고 하던데?"

"수석 좋아하시네! 물 '수(水)'에 '돌 석(石)'이겠지, 삼류 지방대학 출신이 어련하겠어."

"수석이면 다 같은 수석인 줄 아는 모양이지. 성일 씨 봐라, 얘. 걔는 킹카더라. 잘 생겼지. 게다가 S대 수석 졸업이라지, 아마?"

"그래, 성일 씨가 영업기획과에 가야 되는 거 아니야?"

"글쎄, 그렇다니까. 그런데 삼류 대학 출신이 기획과에 발령이 난 거 보면 뭔가 있는 거야."

"낙하산이 아니고는 그럴 수가 없지. 암!"

"그래, 소문에 말이야. 사장님하고 뭐 된다고 그러던데?"

복도 끝에 있는 여직원 탈의실에서 들리는 소리였다. 명준은 직감적으로 자기를 두고 하는 말임을 알아챘다.

'빽 좋아하네, 먹고 죽으라고 해도 없네.'

명준은 혼자 중얼거리며 피식 웃었다. 직장이란 TV 드라마에 나오는 그런 환상적인 곳이 아니었다. 온갖 억측과 비방, 모략 등 사람 하나쯤은 생매장도 가능한, 정말 살벌한 곳임을 새삼 깨달았다.

·》 격언 한 마디

자신의 마음이 움직이는 대로 행동하고 원하는 일을 한다면 일과 놀이의 구분은 사라질 것이다.

When you're following your energy and doing what you want all the time, the distinction between work and play dissolves.

삭티 거웨인

CHAPTER 3

회의, 회의, 끝없는 회의의 지겨움

"회사의 발전은 여러분의 발전이므로 우리의 목표를 초과 달성합시다. 항상 적극적인 마인드로 영업에 임해주시기 바랍니다."

매일 아침 회의에서는 판에 박힌 이야기가 반복된다. 진일전자는 직급 순으로 출근한다. 높은 직급부터 일찍 출근하는데, 그 이유는 하는 일도 없으면서 월급만 많이 가져가는 이른바 '월급도둑'이란 말을 듣지 않기 위해서이다. 한 부장은 7시 30분에 출근하고, 김 이사는 7시에 나온다. 아침에 출근하자마자 8시에 회의가 있다. 진일전자의 하루 업무는 회의로 시작된다. 놀라운 사실은 반복적인 회의를 통해 자기도 모르게 세뇌된다는 점이다. '그래, 나도 할 수 있어'라는 자기 최면 말이다.

'농부에겐 농토가 있고, 노동자에겐 기계가 있으며, 사업가에게는 회의가 있다.' 이 말이 뜻하는 바대로 회의는 기업 활동에 있어서 매우 중요한 업무이며 행사이다. 그래서 매년 회의의 숫자는 5%씩 증가한다고 한다. 또한 회사 업무에서 회의가 차지하는 비중 역시 갈수록 늘어 중간 관리층의 경우에는 업무시간의 30~40%, 최고 경영층의 경우엔 업무시간의 50%를 회의로 보낸다고 한다. 고위 경영직으로 높이 올라가면 갈수록 참석해야 할 회의의 숫자는 점점 늘어나게 되는 것이다. 국내 200대 기업의 CEO를 대상으로 설문조사한 결과, 1일에 2~3회 회의를 하고 1회 평균 회의시간은 30분에서 1시간으로 나타났다.

아침 회의를 끝내고 곧바로 김 과장 역시 부하 직원들에게 동기를 부여하기 위해 다시 업무 회의를 시작한다. 대부분 성공 사례 분석이었다. 성공하는 사람은 하루에 10명 이상 고객을 꾸준히 만나는 사람이라는 식의 스토리를 전파한다. 잘한 사람을 칭찬해주고 표창도 한다. 그리고는 마지막으로 구호를 외치고 회의를 끝낸다.

9시부터 오후 5시까지는 대부분의 직원들이 외근을 한다. 사무실에는 관리자와 관리 담당 여직원만 남아 있다. 오후 5시 30분쯤이 되면 밖에 나갔던 직원들이 들어오기 시작한다. 영업 보고나 어려운 거래에 대한 결재 등 내부 업무를 처리하기 위해서이다. 간혹 직원들의 사기 진작을 위해 회식 자리를 마련하기도 한다. 회식 자리에서는 다시 한 번 100명 중 한두 명 나올까 말까 한 전설적인 영업사원이 되도록 독려한다.

김 과장은 직원을 관리하는 입장에서 동류의식을 높이고자 노력한다.

우리가 남들보다 학벌이 좋거나 특별한 자격증이 있거나 능력이 탁월한 것이 아니라면 그저 열심히 하는 수밖에 없지 않겠느냐고, 머리가 모자라면 몸으로라도 때워야 하지 않겠냐고 다독거린다.

"이렇게 바쁜데 회의는 무슨 회의를 한담?"

이창희 대리가 짜증을 냈다. 회의가 많아 일을 제대로 할 수가 없기 때문이다.

"요즘은 회의 때문에 정신이 없어! 대체 일을 할 수가 있어야 말이지. 박명준 씨, 그거 어떻게 됐어?"

짜증난 이 대리는 만만한 명준을 향해 소리를 질렀다.

"예?"

갑자기 호명된 명준은 무슨 영문인지 몰라 멍하니 이 대리를 쳐다보았다.

"아까 복사 20부 하라고 한 것 말이야"

이 대리는 신경질적으로 말했다. 그제야 명준은 복사물을 재빨리 이 대리에게 가져다주었다. 회의 시작 2분 전, 이 대리는 헐레벌떡 회의실로 들어와 자료를 나누어주었다. 아슬아슬하게 회의가 시작되기 직전에야 주어진 임무를 마쳤다. 안도의 한숨을 쉬고 있는데 한 부장의 불호령이 떨어졌다.

"이 대리, 지금 나누어준 자료를 다 거두세요! 도대체 지금 나누어주면 회의를 어떻게 진행하라는 거요? 다시 회의시간을 잡도록 하시오."

한 부장은 호통을 치고 회의실을 나가버렸다. 회의가 연기된 것이다. 이 대리는 열심히 자료를 준비해 나누어줬지만, 너무 늦게 나눠준 것이 문제였다. 준비해야 할 회의 자료가 너무 많아 밤새 작업해 겨우 회의시간 직전에 마칠 수 있었지만, 그건 이 대리의 사정일 뿐이다.

이 대리는 참석해야 할 회의들이 너무 많아서 진이 다 빠질 지경이다. 허구한 날 1970년대식 새벽 별보기 운동을 하거나, 결론도 나지 않는 회의로 회의실에 앉아 꼬박 밤을 새우기 일쑤다. 끝없는 회의로 에너지가 완전히 고갈되고 만다. 오늘도 벌써 두 번째 회의에 참석하고 있다. 그러다 보니 회의 진행이 매끄럽지 못하고, 주제에서 벗어나 엉뚱한 방향으로 흘러가는 경우도 많다.

회의시간은 10시까지로 정해져 있는데 오늘도 벌써 9시 55분이다. 하지만 아무런 결론도 나오지 않았다. 회의 도중에 불쑥 불거져 나온 문제로 입씨름하느라 회의시간의 절반을 허비했다. 목표 배정에 대한 강한 반발로 회의 분위기는 더욱 악화되었다. 대부분의 참석자가 팀의 목표에 동의하지 않은 것이다.

"자, 이제 회의를 마무리합시다. 이유 불문하고 각 팀에 배정된 목표량을 기일 내에 완수하도록 하세요."

한 부장은 자신의 생각을 각 팀에게 명령조로 전달하고, 회의를 마무리했다. 이런 회의를 거의 매일 반복하고 있다. 아무도 의견을 내지 않아 회의는 항상 돛대 없는 배처럼 이리저리 휩쓸려 다닌다. 한 부장도 시간 내에 결론을 내고 회의를 마치고 싶지만 뜻대로 되지 않는다. 결국 한 부장은 직접 아이디어를 내놓고 직원들의 반응을 물은 후 결정을 내리고 서둘러 회의를 마무리하게 된다. 대부분의 회의가 이렇게 끝이 난다. 한 부장만 회의에 대해 불평을 늘어놓는 것은 아니다.

"대체 회의 때 신입사원에게 참신한 아이디어를 내놓으라고 말하는 이유를 모르겠어요. 고민 끝에 아이디어를 내놓으면 '그걸 아이디어라고 내냐?' 하고 핀잔이나 주면서 말이에요."

회의를 마치고 나오면서 명준 역시 불평을 늘어놓는다.

다른 사원들도 회의에 참석하는 일이 고역이라고 말한다. '회의가 너무 많다', '이야기를 해봤자 듣는 사람도 없다', '너무 오래 걸린다', '업무에 반영되지도 않는다' 등등의 이유로 회의를 꺼리는 분위기다. 그래서 회의가 끝나고 본래의 일상 업무로 되돌아오면 모두들 한숨을 내쉰다. '아~, 잃어버린 내 귀중한 시간이여!'

회사는 효율적으로 회사를 이끌어가기 위해 '회의'를 한다. 회의를 통해 새로운 업무의 틀을 마련하고, 아울러 여러 의견들을 모으고 정리한다. 회사 업무 중에서 가장 필요한 것 중 하나가 바로 회의이다.

회의가 필요한 것은 알겠는데 그래도 도무지 반갑지는 않다. 하지만 회의가 귀찮다고 투덜거리다가도 회의에 참석하라는 통지를 받으면 왠지 자신의 존재를 인정을 받는 것 같아 그리 싫지만은 않다. 반대로 그나마 통지조차 받지 못하면 자신만 따돌림 당한 것 같아 이내 불만을 품게 된다.

"오늘이 이번 달 마지막 회의입니다. 앞으로는 매달 마지막 주 금요일에만 회의를 하겠습니다. 보고사항은 개별적으로 수시로 하십시오. 그리고 모든 영업사원은 사무실에 있지 마시기 바랍니다. 사무실에 있는 영업사원이 있다면 담당 팀장을 문책하겠습니다."

한 부장은 폭탄선언을 했다. 그동안 회의에 지친 직원들을 자유롭게 해주려는 의도였다. 진일전자의 업무는 회의로 시작해 회의로 끝난다고 해도 과언이 아니다. 어제도 오늘도 그리고 내일도 회의는 계속된다.

매주 월요일 오전에는 팀장회의가 있고, 수요일 오전에는 사업부장 이상 임원급 회의가 있다. 격주로 토요일 오전에는 실적회의와 영업 대책회의가 있다. 어떤 날은 팀원회의, 문제가 발생한 프로젝트의 대책회의 등으로 하루 종일 회의를 할 때도 있다. 거의 매일 회의가 있는 셈이다. 실제로 매일 회의가 있는 주도 있다. 물론 회의를 하루 종일 하는 것은 아니지만 회의를 준비하고 후속 조치를 취하려면 자연히 영업사원들의 내근이 많아질 수밖에 없다.

자고로 회사에 회의가 많으면 일이 뭔가 잘 안 풀리고 있다는 징조라는 말도 있다. 그래서 제일 먼저 한 부장은 과감하게 회의를 줄이기로 결심한 것이다. 전사 차원에서 하는 회의는 어쩔 수 없지만, 자체 회의는 월 1회로 줄였다. 주간 업무 보고도 개별적으로 하도록 했다. 팀장회의에서 업무 보고를 하다 보니 시간만 길어지고 비생산적이었다. 한 팀이 보고를 할 때 나머지 4개 팀은 딴전을 피우기 일쑤이기 때문이다.

한 중소기업에서 회의 내용에 대한 의견을 묻는 설문조사를 실시했다.

그 결과, '보고만 하고 토론이 없다'(38.7%), '리더의 한마디로 결론이 난다'(32.3%), '결론이 나지 않는다'(16.1%), '회의 목적이 불분명하다'(12.9%) 등 회의에 대한 부정적 의견이 많았다. 회의의 형식에 대해서는 '회의시간이 길게 늘어진다'(44%), '회의가 너무 많다'(36%), '참가 인원이 너무 많다'(12%), '참가자들의 준비 부족'(8%) 등의 문제를 꼽았다. 어느 조직이나 회의로 인한 스트레스와 문제점은 갖고 있다고 보인다.

또한 직장인이 꼽는 가장 비효율적인 회의 유형은 '결론이 나지 않고 돌고 도는 회의'(25.9%)인 반면에 효율적인 회의 유형은 '짧은 시간 안에 핵심만 논의하는 압축적인 회의'(38%)를 압도적으로 지지했다. 명준은 '우리 회사에도 이런 비생산적인 회의가 없어지고 회의로부터 자유로워질 날이 올까' 하고 생각했다.

⠶⠶ 격언 한 마디

동기는 두뇌를 위한 식량과 같다. 한 차례의 식사로 충분한 영양을 섭취할 수 없듯이 두뇌 역시 지속적이고 정기적인 리필을 필요로 한다.
Motivation is like food the brain. You cannot get enough in one sitting. It needs continual and regular refilis.

피터 데이비스

CHAPTER 4

오늘도 또 야근이야?

"여보세요, 진일전자 박명준입니다."

"박명준 씨, 나 김 과장인데, 어제 올린 자료 말이야. 지금 급히 추가할 것이 있는데……."

명준은 출장을 가기 위해 김포공항에서 제주도행 비행기를 기다리고 있었다. 그런데 얼마 전 구입한 MP3로 음악을 들으려는 참에 김 과장으로부터 다급한 전화가 걸려왔다. 내용은 어제 올린 마케팅 기획안에 주요 시장 동향이 빠져 있다는 것이다. 일반 웹 사이트에서 쉽게 찾을 수 있는 자료임에도 불구하고 김 과장은 10분 내로 자료를 보내라고 성화였다.

명준은 김 과장의 불호령에 어쩔 수 없이 비행기 탑승 수속을 잠시 미룰 수밖에 없었다. 마침 주변에 무선 인터넷을 제공하는 커피점이 있어서 다

급하게 들어갔다. 검색어를 입력하고 불과 수초 만에 원하는 자료를 얻을 수 있었다. 바로 김 과장에게 이메일로 보냈다. 닦달하던 김 과장은 메일을 확인하고는 언제 그랬냐는 듯 나긋나긋한 목소리로 말했다.

"아직 출발하지 않았어? 아니 공항에서 어떻게 그렇게 빨리 자료를 찾아 보냈지? 역시 자네는 항상 준비되어 있는 사원이야."

김 과장은 칭찬을 아끼지 않았다. 일을 마무리하고 시계를 보니 5분 전. 명준은 급하게 탑승구로 향해 아슬아슬하게 제주행 비행기에 올랐다.

일은 꼭 사무실에서만 하는 것이 아니다. 언제 어디서나 일을 할 수 있는 준비된 자세가 중요하다. 또한 중요한 정보를 가지고 있다는 사실이 중요한 것이 아니라 그 정보들을 어떻게 유용하게 이용하는가가 중요하다.

"김 과장, 이 서류 내일 아침에 김 상무님 결재 받을 수 있게 수정해놓도록!"

퇴근 무렵 한 부장이 서류 뭉치들을 김 과장에게 넘겨주었다. 서류는 빨간 사인펜으로 여기저기 수정이 되어 있었다. 서류를 받아든 김 과장은 난처한 표정으로 아무 대꾸도 못하고 있었다.

"뭐, 무슨 문제가 있나?"

한 부장은 언짢은 듯 재차 물었다.

"아닙니다. 내일 아침까지 마무리하겠습니다."

격노한 상사와 대화할 때 아랫사람이 선택할 수 있는 말은 다음 세 가지밖에 없다. '예', '아니오', '죄송합니다' 가 바로 그것이다. 이 세 마디를 적절히 사용하면 아무리 어려운 상황에서도 불쾌감을 최소한으로 줄일 수 있다.

"그럼, 나 먼저 나갑니다."

한 부장은 다시 한 번 다짐을 받아두고는 퇴근을 했다. 한 부장이 문 밖으로 나가자 김 과장은 서류를 책상 위에 내동댕이치며 화를 냈다.

"꼭 저러신단 말이야, 퇴근 시간에……."

김 과장은 일단 화를 내기는 했지만 서류는 오늘 중에 수정해놓아야 했다. 급히 이 대리와 명준을 불렀다. 두 사람은 퇴근할 채비를 갖추고 서랍을 잠그려다 말고 황급히 김 과장에게 갔다.

"이 대리는 이 자료를 다시 확인하고, 박명준 씨는 워드로 수정하세요."

둘은 아무 소리도 못 하고 서류를 받아들고는 각자 책상으로 돌아와 다시 컴퓨터를 켰다.

"오늘도 또 일찍 가기는 틀렸구나."

두 사람은 서로 눈짓을 보냈다. 작업 지시를 끝낸 김 과장은 전화기를 들었다.

"여보, 오늘 좀 늦겠는데."

김 과장은 풀이 죽은 채 말했다.

"당신! 오늘 희정이 생일인 거 몰라요! 애가 한껏 기다리고 있는데……."

김 과장은 아내로부터 한소리를 듣자 조금 더 풀이 죽은 목소리로 변명을 했다.

"알지 알아, 그런데 꼭 해야 할 일이 있어서 그래. 당신이 희정이 좀 달

래봐."

마치 죄인이 취조 받는 듯한 모습이다. 김 과장은 간신히 아내를 달래놓고 부랴부랴 서류 작업을 시작했다. 상황이 이러니 이 대리나 명준도 먼저 퇴근하겠다는 말을 꺼낼 수가 없다. 그저 묵묵히 서류 작업만 계속할 뿐이다. 평소에는 별일 없다가도 꼭 바쁠 때 아니면 퇴근할 때 일이 생기는 곳이 바로 직장이다.

◀◀) 격언 한 마디

일을 통해 즐거움을 느낄 수 있는 비결은 바로 '빼어남' 이라는 단어에 들어 있다. 무슨 일을 잘 해내는 방법을 알게 되면 그 일을 즐길 수 있다.

The secret of joy in work is contained in one word - excellence. To know how to do something well is to enjoy it.

펄 벅

51

CHAPTER 5

첫 승진, 이보다 더 좋을 순 없다

"이번에 새로 온 이현택 이사는 발탁 케이스라며? 서른여덟 살이래."

미국에서 박사학위를 받고 최근에 영입된 이현택 연구 소장이 임원으로 승진했다.

"이제부터 임원 대상에서 40세가 넘으면 자동 탈락이래. 도리어 이 이사가 정상인 셈이지."

"그럼 한 부장은 어떻게 되는 거야? 임원 승진 1순위였다고 들었는데……."

"그러게, 인사는 뚜껑을 열어봐야 안다니까."

한 해가 마무리되기 전인 12월 중순에는 진일그룹의 임원 승진 발표가 있다. 직원들은 모이기만 하면 승진 관련 이야기를 했다. 아무리 인사부 직원들에게 입단속을 철저히 할 것을 주문해도 인사비밀은 알게 모르게 다 새어나갔다. 알 만한 사람은 다 아는 공공연한 비밀인 것이다. 그래서 '인사비밀'이란 인사부 직원만의 비밀이라는 비아냥 소리도 있다.

아침부터 삼삼오오 짝을 지어 이번 임원 승진에 대한 품평회가 시작되었다. 직장인들이 가장 바라는 것이 바로 연봉 인상과 승진이다. 하지만 연봉은 매년 조금씩 인상되는 것이 관례이기 때문에 연봉 인상만으로는 직장인으로서 큰 보람을 느끼기가 어렵다. 그에 비해 승진은 자신의 능력을 인정받는 것이기 때문에 대부분의 직장인들이 가장 소망하는 것이고 그 기쁨 또한 매우 크다. 그래서 항상 승진 인사 뒤에는 뒷담화도 많고 재미있는 에피소드도 많다.

한 부장은 이번이 벌써 두 번째 승진 탈락이다. 첫 번에 바로 승진하는 것이 여간 어려운 일이 아니라는 것을 알고 있었기 때문에 작년에는 승진 누락에도 크게 실망하지 않았다. 하지만 이번만큼은 나름대로 준비도 했고 열심히 일해서 괄목할 만한 실적도 쌓았다고 자부했다. 그래서 한 부장은 내심 기대가 컸던 것도 사실이다.

들리는 소문에는 나이가 결정적인 변수라는 말도 있어 여간 착잡하지 않았다. 45세로 잘랐다는 소문이 돌긴 했는데, 아니나 다를까 새까만 후배가 한 부장을 치고 올라온 것이다. 회사로서는 경륜보다 참신함이라는 카드를 선택한 것이다.

이번에 승진한 이현택 이사가 사무실로 승진 인사를 왔다.

"한 선배님이 꼭 되셨어야 했는데……."

위로랍시고 한 이 이사의 말이 한 부장의 마음을 더욱 상하게 했다.

"아니야, 뭐, 될 사람들이 됐는데 뭘. 축하해! 앞으로 잘 부탁해, 아 참! 이제부터는 말 놓으면 안 되는데, 미안해."

"아니에요, 선배님 편하신 대로 부르세요."

아무리 능력 중심의 발탁 승진이라고는 하지만 앞으로 후배에게 존댓말을 써야 한다는 사실도 한 부장의 심기를 언짢게 했다. 한 부장은 모두들 이 이사의 승진을 축하하는 분위기에서 조용히 사무실을 빠져나왔다. 그리고 담배 한 개비를 물고 불을 붙였다. 깊게 한 모금 빨아들이고 한숨과 함께 담배연기를 내뱉었다.

일주일 뒤, 임원 인사 태풍이 한 바탕 지나가고 작은 회오리가 몰아쳐왔다. 임원 승진에 이은 후속 직원 인사가 있었다. 이 대리는 대리가 된 지 3년이 넘었고 나름 성적도 괜찮아서 내심 은근히 승진을 기대했다. 하지만 이번에도 아쉽게 탈락되었다.

"요즈음 승진하기가 보통 어려운 게 아냐. 이번이 끝이 아니잖아. 다음 기회에 반드시 승진되도록 힘써줄께."

김 과장은 이 대리를 다독거렸다. 직장생활을 하다 보면 결정적 순간에 이해하기 어려운 일이 비일비재하게 일어난다. 성과가 부진해서 곧 퇴출 대상이 될 것 같은 사람이 훌쩍 승진하기도 하고, 당연히 승진할 것으로 생각되는 사람이 번번이 누락되기도 한다.

'우리 회사에는 원칙이 없어.'

이 대리는 불만을 털어놓는다. 한 부장과 이 대리의 승진 탈락으로 부서 분위기가 매우 침울했다. 그러나 절대로 원칙이 없는 회사는 없다. 승진 인사에는 반드시 그럴 만한 원칙과 이유가 있기 마련이다.

침울한 사무실 분위기 속에서 한쪽 구석에서 작은 목소리로 조심스럽게 이야기 나누는 소리가 들려왔다.

"야, 축하해!"

"감사합니다."

명준이 2년 만에 주임으로 승진한 것이다. 영업기획부의 유일한 승진자이다. 동기인 성일은 기대가 컸으나 아쉽게도 이번 인사에서 탈락되었다. 첫 해의 고과는 명준보다 성일이 더 좋았다. 해외파여서인지 업무 능력이 좋았기 때문이다. 그에 반해 명준은 명문 대학을 나온 것도 아니고, 학점이 좋은 것도 아니었기 때문에 무조건 열심히 일하는 수밖에 없었다. 그래서인지 두 번째 해인 올해의 평가는 명준이 성일보다 더 좋았다.

두 사람의 차이는 한국의 직장문화에 대응하는 모습에서도 드러난다. 언젠가 휴일에 김 과장이 '나 출근한다'는 문자 메시지를 아래 직원들에게 보냈다. 해외파인 성일은 철저한 개인주의 성향 탓에 상사의 메시지를 묵살하고 휴일을 보냈다. 이와 달리 명준은 상사가 출근하는

데 아랫사람이 혼자 편히 쉴 수 없다는 생각에 휴일을 마다하고 회사로 출근했다.

한국 조직문화의 특성은 성실과 신뢰가 무엇보다 중시된다는 점이다. 우리 직장문화는 아직까지는 능력보다는 충성심이 먼저이다.

"건배!"

"명준의 주임 승진을 축하한다!"

회사 옆 호프집. 맥주잔이 공중에서 서로 부딪쳤다. 명준이 낮에는 사무실 분위기가 침울해서 제대로 축하의 말을 건네지 못한 동료들과 승진 축하연을 가지고 있다. 직장생활에서 가장 기쁜 날이 바로 첫 승진하는 날이다. 명준은 날 듯이 기뻤다. 물론 앞으로 대리, 과장, 부장, 이사 등 승진할 기회는 많지만 첫 승진의 기쁨을 능가할 수는 없을 것이다. 명준은 마음껏 마셨다. 마치 하늘을 날고 있는 듯한 기분이었다.

"그래, 이 맛에 직장생활을 하는구나."

⫸ 격언 한 마디

동료나 선배들보다 더 잘 하려고 너무 애쓰지 말라. 대신, 더 나은 자신이 되도록 노력하라.

Don't bother just to be better than your contemporaries or predecessors. Try to be better than yourself.

윌리엄 포크너

샐러리맨 생존력 : 열정 - 즐거움의 렌즈로 세상을 바라보라

초등학교 때는 시험에서 100점을 받지 못하면 세상이 끝나는 줄 알았다. 중학교 때는 1등을 못하면 낙오자가 되는 줄 알았다. 고등학교 때는 대학에 못 가면 죽는 줄 알았다. 대학에 떨어져 재수할 때는 마치 세상이 끝난 것처럼 절망했다. 대학을 다닐 때는 취업을 못하면 세상이 무너지는 줄 알았고, 입사 시험에 떨어져 취업 재수를 할 때는 1년 차이가 마치 십 년의 장벽처럼 느껴져 무척 슬프고 부끄러웠다. 하지만 세상은 끝나지 않았고 그대로이다.

20대는 아직 초라하다. 기회만 주어진다면 뭐든 열심히 잘할 자신이 있는데, 아무도 거들떠보지 않는다. 잘할 수 있다는 자신감이 넘치는 만큼 인정을 받지 못해 생기는 상처도 크다. 그래서 모든 문제의 원인을 세상 탓으로 돌리기 시작한다. '돈 없고 빽 없는 사람은 갈 데가 없어. 실력만 있다고 성공할 수 있는 세상은 아니야'라고.

하지만 취업을 앞둔 20대 젊은 친구들이 직업을 선택하는 기준은 의외로 간단하다. 진지하게 고민하지 않는 사람들이 많다. 아예 판단이나 고민의 기준 자체가 없는 경우도 많다. 그저 월급 꼬박꼬박 받으며 정년이 될 때까지 안정적으로 다니면 그만이라고 생각한다.

사실 고만고만한 사람들과 끊임없이 피 터지게 경쟁하며 소모품처럼 이용되다가 경쟁에서 패배하면 도태되는 구조도 마음에 안 든다. 그 구조는 위로 올라갈수록 더

57

욱 치열해진다. 사원, 대리, 과장, 부장, 이사 등 각 단계별로 비슷한 능력을 가진 인재들과 경쟁하여 살아남아야 하는 것이다. 15년 계속되는 경쟁에서 이겨야만 겨우 부장 자리까지 올라가는데, 힘겹게 그 자리까지 올라가면 이제는 슬슬 퇴직 압력을 받기 시작한다.

운을 잡고 싶다면 무조건 빨리 움직여야 한다. 남보다 빨리 변화의 선두에 서 있어야 하고, 경험해야 한다. 변화를 야기하면 리더가 되고, 변화를 받아들이면 생존자가 되며, 변화를 거부하면 결국 죽게 된다.

젊음이란 온갖 실수를 저지를 수 있는 기회인 동시에 그 실수를 극복할 기회이기도 하다. 재능을 가진 자가 큰 꿈을 꾸고, 기지를 가진 자가 그 꿈을 이룬다고 하였다. 무언가를 선택할 때는 그 길이 자신의 꿈을 이루기 위한 단순한 수단인지, 아니면 장차 되고 싶은 자신의 모습을 본질적으로 추구하는 길인지 검토해야 한다.

무릇 새로운 일을 시작하는 데 가장 중요한 것은 마음과 의지이다. 마음이 있는 곳이 보고이며 의지가 있는 곳이 원천이기 때문이다. 이런 마음과 의지에 열정을 더해야만 성공할 수 있다. '열정은 기회를 발견하고 에너지는 그것을 활용한다'고 헨리 홉킨스가 말했다. 열정이 부족하면 어떠한 일에도 성공할 수 없다. 성공은 열망에 비례하며, 그 성공의 크기는 열망의 깊이에 좌우된다. 하고 싶은 일이 있으면 방법이 보이고, 하기 싫은 일에는 변명만 보이기 마련이다.

회사가 원하는 인재는 이론가나 평론가가 아닌 실천가이다. 학력이나 학점, 외국어 실력만으로는 안 된다. 실무 역량을 갖추고 묵묵히 자신의 길을 갈 수 있는 사람, 주변의 말에 귀 기울이면서도 자신의 생각을 실천할 용기를 지닌 사람이 해결사로 성장한다. 업무에 필요한 전문성은 경험의 기간보다 경험의 질에 더 좌우된다. 얼마나 오래 일했는가보다 얼마나 깊이, 강도 있게 일했는가가 관건이다.

　직장인으로 살아남기 위해서는 열정과 즐거움의 렌즈로 세상을 봐야 한다. 그리고 가장 열정적인 꿈을 꾸어야 한다. 그러면 열정적인 삶을 살게 될 것이다.

신입사원을 위한 직장생활 10계명

누구나 처음 회사에 입사했을 때는 야망도 크고 의욕이 넘쳐난다. 어려운 취업 관문을 뚫고 들어온 직장인 만큼 성취 욕구도 남다르기 마련이다. 신입사원 연수를 받고 선배들의 잔심부름이며 허드렛일을 하다 보면 어느새 1년은 후딱 지나간다. 슬슬 조직의 법칙을 알 만한 1년차가 되면 연말의 어느 날 찾아오는 인사고과 평가서. 이제부터는 일의 성과가 곧 인사고과로 연결되고 그만큼 책임감이 커진다.

잡코리아에서 발표한 설문 자료는 입사 후의 회사나 업무 만족도에 대한 현실을 보여주고 있다. 신입사원이 퇴사한 시기는 '입사 후 3개월 이내'가 34.6%로 가장 많았으며, 이어 '입사 후 5개월 이내' 23%, '입사 후 9개월 이내' 18% 등의 순이었다.

조사 대상 기업의 인사 담당자들이 밝힌 신입직 퇴직 사유로는 '직무가 적성에 맞지 않기 때문에'가 29.7%로 1위였다. 다음으로 '인내심과 참을성이 부족해서' 24.6%, '조직에 적응하지 못해서' 23.1%, '연봉 수준이 낮아서' 9.4%, '업무 과중으로 인한 스트레스로 인해' 5.3%, '상사, 동료 등 인간관계에 문제가 있어서' 5.3% 등으로 나타났다. 또 중소기업(벤처기업 포함)에 입사한 신입사원이 1년 이내에 퇴사한 비율이 대기업에 비해 두 배 이상 높은 것으로 나타났다고 한다.

이러한 통계 수치를 놓고 볼 때 입사 후 1년 신입사원 때의 마음가짐과 준비가 앞으로의 인생을 바꿀 수 있는 가장 중요한 시기인데, 당사자들이 이를 놓치고 있다는 것이다. 직장 라이프를 통틀어 가장 중요한 것은 신입사원 때의 마음가짐과 행동이라는 점을 잊어서는 안 된다. 이에 대해 『신입사원 이강호』의 저자인 박천웅은 의욕은 넘치지만 방법을 몰라 좌충우돌하는 신입사원은 먼저 직장생활, 즉 일하는 방법부터 터득할 것을 강조하고, 그 노하우를 다음과 같이 밝혔다.

〈신입사원을 위한 직장생활 10계명〉

1. 방법은 모르는데 열정만으로 될까?

2. 미친 메모광이 되라.

3. 성실한 게 진짜 튀는 거야.

4. 인정받고 싶다고? CEO의 관점에서 사고하라.

5. 역발상, 훈련으로 가능하다.

6. 행동이 실력이다. 일단 행동하라!

7. 보고서, 간단 명료 명확하게 전달하라.

8. 상대가 듣고 싶어 하는 말을 먼저 하라.

9. 1%만 달라도 주목 받는다.

10. 99가지 단점은 잊어라! 단 한 가지 장점을 강점으로 만들어라.

PART 2
대리 과장들의
커리어 키우기 전쟁

30대는 직장에서든, 가정에서든 홀로 서야 하는 시기이다. 자신에게 변화와 새로움, 젊음을 선사하라. 그렇지 않으면 삶에 무뎌질 것이다. 변화에 긍정적으로 대처하고, 관습에 도전할 준비만 되어 있다면 자신의 가치를 올릴 수 있다.

대한민국 샐러리맨, 거침없이 살아라

SALARIED MAN

CHAPTER 1

분위기 메이커 김 과장의
회식 공포증

"부장님, 오늘 회식에 참석하지 못할 것 같아요."

김창식 과장은 한 부장에게 회식에 참석하지 못한다고 말했다.

"왜, 집에 무슨 일 있나? 김 과장, 요즈음 왜 그래? 예전에는 회식이라면 만사 제쳐놓고 참석하더니, 최근에는 거의 빠지네. 왕년의 '김 바람'은 어디로 갔나?"

김 바람은 김 과장의 별명이다. 한때는 회식 자리에서 바람잡이로 명성을 날렸다. 분위기를 띄우는 데 탁월한 능력이 있어 생긴 별명이다. 회식만 있다 하면 거의 김 과장의 독무대였다. 그런 김 과장이 고개를 숙이며 대답했다.

"예, 집안에 일이 좀 있어서요. 장모님이 갑자기 입원하셨어요."

"그렇다면 할 수 없지. 병문안이나 잘 하시게. 마누라에게 밥 얻어먹고 다니려면 말일세."

한 부장은 자신의 처지를 생각해서 조언 아닌 충고를 했다. 김 과장은 일단 회식 불참을 허락받았다. 하지만 기분은 찜찜했다. 사실 집에 일이 있어서가 아니라 회식에 참석해 당할 일이 걱정이 되어서 거짓말을 한 것이다.

3개월 전, 그날도 부서 회식이 있어 오삼불고기에 소주를 거나하게 마셨다. 1차 회식이 끝나자 한 부장은 집으로 갔다.

"자, 나 먼저 갑니다. 2차 하지 말고 일찍 집으로 들어가지 그래. 내일 할 일도 많은데."

높은 사람들이 하나둘 자리를 빠져나가자 신입사원 후배들이 발동을 걸었다.

"김 과장님, 우리 한 잔 더해요!"

신입사원 둘이 좌우로 김 과장의 팔을 끼고 가까운 카페로 들어갔다. 김 과장은 후배 직원들에게 거의 반강제로 끌려들어갔다. 술 하면 빠지지 않는 김 과장이었기에 자의 반 타의 반 체념한 듯했다.

"언니, 여기 맥주하고

소주, 산사춘, 백세주 한 병씩, 그리고 마른안주!"

"왠 술을 그리 많이 시키냐?"

김 과장이 물었다.

"과장님, 가만히 계세요! 제가 알아서 합니다. 소백산맥으로 모시겠습니다."

분위기 메이커인 명준은 술이 나오자마자 소백산맥(소주+백세주+산사춘+맥주)을 제조했다.

"원샷!"

소백산맥을 돌려가며 마시고 나니 술자리는 절정을 이루었다. 쌓이는 술병만큼 정이 쌓이고 후배들과 많은 이야기를 할 수 있었다.

김 과장은 신입사원일 때 회식 분위기를 띄우기 위해 졸음을 참고 노래방에서 밤새 탬버린을 쳐대곤 했다. 다음날 아침 일어나면 밤새 탬버린을 쳐서 손바닥에 파란 멍이 들어 있는 것을 발견하기도 했다. 오늘 다시 그때 그 시절로 돌아가 기분 좋게 마음껏 마셨다.

이렇게 시작된 2차는 밤 12시가 넘어서 끝났다. 시작은 미미하나 끝은 창대했다. 김 과장은 어떻게 집에 왔는지 전혀 기억이 없다. 다음 날 아침, 술이 덜 깬 상태로 출근하니 후배들이 싱글벙글하며 엄지를 치켜올린다.

'뭔가 수상한데?'

하지만 아무도 말해주는 사람이 없어 먼저 물어볼 수도 없었다. 그날 무슨 일이 있었는지는 다음 달에 알 수 있었다.

"여보, 이게 뭐예요?"

신용카드 명세서를 본 아내가 기겁을 했다.

"뭔데?"

김 과장은 명세서를 보았다. 그중 '4월 12일 맹물카페 75만 원'이라고 찍힌 활자가 확 눈에 들어왔다.

'아뿔싸!'

김 과장은 그날 저녁 일이 머릿속에 주마등같이 지나갔다. 처음에는 바짝 긴장해서 술을 피했지만 후배들 성화에 한 잔 두 잔 하다 보니 꼭지가 돌았다. 그리고 한번 발동이 걸리면 끝장을 보는 성격이라 화끈하게 마셨다.

"오늘 내가 쏜다!"

그리고 김 과장은 호기롭게 카드를 꺼내 멋지게 긁었다.

"김 과장님, 멋쟁이!"

공짜로 술을 마신 후배 사원들은 김 과장을 치켜세웠다.

아내는 단단히 화가 났다.

"누구는 돈 쓸 줄 몰라서 안 쓰는 줄 알아요? 당신은 희정이 과외비가 얼마인 줄 알기나 해요?"

아내는 딸 희정이 과외비라도 벌겠다고 동네 슈퍼마켓에서 아르바이트를 한다.

"그게, 말이야, 근데……."

김 과장은 더 이상 변명할 말이 없었다. 아내는 훌쩍이며 방으로 들어가 방문을 걸어 잠궜다. 결국 그날 김 과장은 아내에게 카드를 빼앗기고 말았다. 그리고 카드를 빼앗긴 김 과장은 회식 이야기만 나오면 흠칫 놀라는 것이다.

'오늘은 누구 핑계를 대나?'

이미 부모님은 다 써먹었고 이제는 처가집 차례이다. 그 첫 번째로 오늘은 멀쩡하신 장모님을 입원시켰다. 처음부터 참석하지 말아야지, 괜히 잘못 발동이라도 걸리면 긁을 카드도 없어 개망신 당하기 십상이기 때문이다.

김창식 과장은 진일전자 영업기획실 과장이다. 서른 중반의 직장 7년차이다. 늘 잘 다린 와이셔츠에 튀지 않으면서 세련된 넥타이, 항상 반짝반짝 윤이 나는 구두, 말끔한 정장 차림을 하는 전형적인 샐러리맨이다. 그의 하루는 오전 6시에 시작된다. 6시 40분에 출발하는 통근버스를 타면 7시 30분경 회사에 도착한다.

도착하자마자 자동판매기에서 커피 한 잔을 뽑아 들고 동료들과 몇 마디 나누고는 바로 근무를 시작한다. 영업기획 일을 하기 때문에 정해진 일보다는 만들어서 해야 하는 일이 더 많다. 이런저런 일을 기획하고 수정하고 출력하는 것으로 하루를 보낸다. 어느덧 시간이 흘러 오후 7시가 되면 하루 일을 마감한다. 하지만 남아 있는 잔무들을 처리하다 보면 일주일에 절반은 8시경에 퇴근을 하게 된다.

어여쁜 딸 하나를 둔 한 가정의 가장으로, 평범하고 건실한 중견 간부인 김 과장은 최근 들어 새로운 고민거리가 생겼다. 매월 한 번씩 있는 부서회식이 그것이다.

'아! 언제부터 내 신세가 이렇게 됐나. 왕년에는 김 바람으로 회식 자리

를 휩쓸었는데…….'

다른 직원들은 퇴근하고 삼삼오오 짝을 지어 회식 장소로 가는데 김 과장은 처량하게 지하철역으로 향했다.

'회식이 무서워!'

하지만 어쩔 수 없다. 이 모든 것이 내 가정을 위한 일이기 때문이다. 집 앞 골목에 있는 아이스크림 가게에 들렀다. 희정이는 아이스크림을 가장 좋아한다. 만 원의 행복이라고나 할까? 여우 같은 마누라와 토끼 같은 딸이 있는 '홈, 스위트 홈, 마이 홈'으로 향하는 김 과장의 발걸음은 한결 가벼 웠다.

CHAPTER 2

공부하는 독종으로 살아가기

"이건 뭐지?"

김 과장은 사내 메일을 검색하다 공지사항 중 하나를 클릭했다. 공지사항에는 '어리 버드 프로그램(Early bird Program)'이 소개되어 있었다. 사내 교육 프로그램인데, 내용을 훑어보니 한번 신청해보고 싶은 생각이 들었다.

사실 오늘은 석가탄신일이다. 휴일인데다 날씨마저 맑아 나들이에 제격인 날이다. 이런 좋은 날에 청승맞게 출근한 김 과장은 자신이 초라하게 느껴졌다. 출근하자마자 어제 지시 받은 기획안부터 수정해놓고 잠시 사내 메일의 공지사항을 읽게 된 것이다.

'어리 버드 프로그램'이란 1시간 일찍 출근해 그 시간을 활용해 매주 1

회 외부 강사를 초빙, 특강을 진행하는 프로그램이었다. '이른 아침에 일어나는 새, 어리 버드(Early bird)가 먹이를 하나라도 더 먹는다'는 격언에서 따온 프로그램 이름이다. 일주일 중 가장 여유 있는 수요일 아침 7시부터 1시간 반의 특강을 개설한 것이다. 창식은 직장생활에 새로운 활력소가 필요하다는 생각에 서둘러 신청을 했다.

"아니, 당신이 오늘 웬일이유? 깨우지 않아도 일어나시게. 그것도 한 시간이나 일찍. 별 일이야, 해가 서쪽에서 뜨겠네."

매일 아침 어김없이 자명종이 울린다. 그 순간 어제 늦게까지 마신 술이 김 과장의 몸을 더욱 무겁게 만들었다. 잠시 후 어김없이 빨리 일어나라는 아내의 재촉 소리가 이어진다. 아침에 눈 뜨자마자 매일 듣는 소리이다. 그런데 오늘 김 과장은 자명종 소리도 울리지 않았는데 눈을 떴다. 새로 시작하는 강의 수강에 대한 부푼 마음에 아내의 잔소리가 시작되기도 전에 일찍 눈이 떠졌다.

오늘은 특강이 시작되는 첫 수요일 아침, 평소보다 1시간 일찍 집에서 나와 사무실로 향했다. 마땅한 교육실이 없어 회의실을 사용했다. 첫 날이라 많은 직원이 참석해 빈자리가 없었다. 모자라는 의자는 사무실에서 가져와 강의를 들었다. 첫 강의는 국내 명문대에서 마케팅을 가르치는 이준상 교수이다.

이준상 교수는 국내에서 학부를 마치고 유학을 가서 최단 시일에 마케팅 박사를 딴 수재이다. 모교에서 파격적인 조건으로 유치, 후진 양성에 힘

쓰고 있는 젊은 교수이다. 이 교수는 신세대 교수답게 강의록을 깔끔하게 만들었다. 컴퓨터 파일로 만들어 빔 프로젝트를 이용해 자료를 보여주면서 강의를 진행했다. 제일 먼저 마케팅에 대한 정의부터 풀어나갔다.

"마케팅을 간단히 정의하면, '두 개체 사이의 상호 교환의 과정'이라고 말할 수 있습니다. 마케팅은 시장을 개발하고 성장시키고 유지하며 방어하는 행동입니다. 이 과정에서 '너'와 '나'라는 서로 다른 입장에 있는 두 개체를 얼마나 신속하게 '우리'라는 하나의 공동 운명체의 틀로 묶을 수 있는가에 따라 마케팅의 성공 여부가 결정된다는 것이 현대 마케팅의 핵심 전략입니다. 마케팅의 목적은 환상을 만드는 것이 아니라 실존하는 것을 개발하고 형성시키는 것입니다."

처음부터 또박또박 자료를 짚어가며 마케팅은 이론이 아니라 실천이라고 강조했다.

"오늘날 대부분의 회사들은 마케팅을 비효율적이고 불필요한 활동으로 간주하고 있습니다. 광고와 마케팅, 그리고 영업과 판매를 확실히 나누지 못하고 있습니다. 대부분의 기업에서 마케팅 부서는 관료화되었고, 통계와 데이터를 정리하는 부서로 전락한 상태입니다."

이 교수는 마케팅 부서의 현실에 대한 통렬한 비판도 서슴지 않았다. 한참을 쉬지 않고 열띤 강의를 하다 보니 목이 타는지 간간히 테이블 위의 물을 마시기도 했다. 이어 마케팅의 성공 요소에 대해 설명했다.

"성공적인 마케팅의 열쇠는 고객이 알고 있는 '진실'을 찾아내는 일입니다. 그들이 느끼는 진실을 찾아내고, 그들만이 가진 특별한 감정적 요구를 찾아서 그것을 만족시켜주는 것입니다. 좋은 마케팅이나 세일즈는 가장 훌륭한 마술 쇼와 같은 것이지요. 고객을 속이려는 것이 아니라 감정적으로 끌어들이는 것입니다."

창식 역시 이 교수의 주장에 공감하고 있었다. 며칠 전에 읽었던 책의 한 구절이 생각났다. '마케팅이라는 것은 일종의 인간 심리를 활용해 만족을 유도하는 추상적인 것이다. 고객 만족이란 심리적으로 느끼는 만족이다. 큰 만족에 감동하는 것이 아니라 오히려 작은 만족에서 더 큰 감동을 이끌어낼 수 있다' 는 것이 책의 요지인데, 한 청량음료 회사의 대표이사가 쓴 글이다. 이 교수의 강의 내용과 마케팅 현장에서 체감한 대표이사의 경험이 일맥상통했다. 막연하게 무조건 상품을 팔기만 하면 된다는 안일한 생각에서 벗어나 다시 마케팅의 중요성을 알아야 한다는 것이다. 이 교수는 계속해서 자기의 주장을 피력했다.

"고객을 왕으로 모시던 비굴한 마케팅은 이제 끝났습니다. 영업은 일방통행이 아니라 영업사원과 고객 사이는 지속적으로 도움을 주고받아야 하는 파트너 관계입니다. 새로운 마케팅의 원칙을 네 가지로 요약 정리하면 다음과 같습니다."

이 교수가 제안한 마케팅 원칙은 다음과 같다.

첫째, 마케팅의 유일한 목적은 더 많은 사람에게 더 자주, 더 좋은 가격으로, 더 많이 파는 것이다.

둘째, 마케팅은 진지한 사업이다.

셋째, 마케팅은 마술이 아니다.

넷째, 마케팅은 전문적인 사업 원칙이다.

이 교수는 프로 강사답게 강의 시간 90분을 알차게 채우고 깔끔하게 강의를 끝냈다. 창식은 현재 업무와 관련해서도 필요한 내용들이었기 때문에 무언가 새로움을 느꼈다. 내 안에서 변화에 대한 갈망과 용기가 꿈틀거리는 듯했다. 특강을 신청하기를 잘했다는 생각이 들었다.

창식은 모처럼 뿌듯했다. 시작이 반이라고 했는데 절반의 성공을 한 셈이다. 반복되는 일상생활에서 잠시 벗어나 새로운 자극이 절실하던 참이었다. 이제는 다음 수요일 특강이 은근히 기다려졌다. 한결 가벼워진 마음으로 매일을 보내니 한 주일이 순식간에 지나갔다.

두 번째 강의가 있는 수요일 아침에는 또 다른 자극을 받았다. 첫 강의가 저명한 대학 교수의 이론 강의였기에 두 번째 강의에는 이론보다는 현장 경험이 많은 대기업의 임원이 초청되었다. 국내 굴지의 유통회사 출신으로 현장에서 잔뼈가 굵은 조현구 상무의 강의는 경험담에 가까웠다. 현장 경험이 많은 백전노장인 조 상무도 많은 사람들 앞에서 강의하는 것은 부담이 되었는지 처음에는 조금 말을 더듬었다.

"별로 보잘것없는 저를 이런 자리에 불러주셔서 대단한 영광입니다. 제가 영업 현장에서 느낀, 저의 영업 활동에 관해 말씀드리겠습니다."

긴장한 탓에 목이 타는지 물을 한 모금 마시고 강의를 계속했다.

"고객을 만나면 한 번 더 만나고 싶도록 만들어야 합니다. 그러기 위해서는 많은 노력이 필요하지만, 자신의 미래가 달려 있는 중요한 일이므로 기꺼이 그런 수고와 노력을 투자할 줄 알아야 합니다. 모든 고객 관계에서 가장 중요한 것은 '한 번 더 만나고 싶은 마음이 있느냐' 하는 것입니다."

조 상무는 특유의 인간관계를 강조했다.

"인맥은 자기가 직접 만드는 것이 아니라 사람들이 만들어주는 것입니다. 대기업을 경영하거나 창업으로 성공한 사람들은 비즈니스는 대인관계의 연장이라는 사실을 잘 알고 있습니다. 진정한 성공을 위해서는 거리낌 없이 사람들과 개인적인 관계를 가질 수 있어야 합니다. '개인적'이라는 의미는 이기적이 되라는 것이 아니라 사람들을 배려하라는 뜻입니다."

조 상무도 나름대로 많이 준비를 해온 것 같았다. 강의 도중 주제로부터 벗어나지 않기 위해 나름대로 준비해온 메모를 보면서 대화조로 강의를 이끌어갔다.

"여러분, '인맥' 하면 무슨 생각부터 듭니까?"

강의 수강생들은 그저 쑥덕거릴 뿐 자신 있게 대답하는 사람은 없었다.

"우리는 인맥이란 단어를 들으면 우선 부정적인 생각부터 떠오릅니다. 끼리끼리 모여 무슨 나쁜 일을 도모하는 이미지가 떠오르기도 합니다. 사실, 우리나라는 유난히 정이 많은 나라입니다. 이 정이 단점일 수도 있지만 장점이기도 하지요. 요즈음 각광받는 고객 관리라는 것이 바로 고객과 인연을 만들고 정을 쌓는 것이라고 봅니다. 서양 사람들은 과학적으로 구현하지만 우리는 '감'으로 만들어가는 것이지요."

조 상무는 요즈음 유행하고 있는 고객관계 관리인 CRM(Customer Relation Management)을 한국적 정서인 '정(情)'으로 풀어갔다. 기술자들은 같은 제품을 대량으로 생산해 단가를 낮추는 '제품 우선의 법칙'을 사용한다면, 영업사원들은 독특한 가치를 지닌 상품을 전달함으로써 소비자들과 좋은 관계를 맺는 '관계 우선의 법칙'을 사용해야 된다고 강조했다.

"영업사원들은 고객을 빚진 상태로 만들기 위해서 다양한 호의를 베풀어야 합니다. 그러면 고객은 빚진 상태에서 벗어나기 위해 무언가 보상하려는 심리를 가지게 마련입니다. 그리고 자기 회사의 상품이나 서비스에 맞는 고객을 찾는 것이 아니라 고객에게 맞는 상품이나 서비스를 찾아야 하지요. 그런 후에 상품을 파는 것이 아니라 상품에 딸린 '스토리'를 팔아야 합니다."

요즘 유행하는 스토리 마케팅에 대해 언급한 후 '시즐(sizzle)을 팔아라'라는 마케팅의 명언을 설명했다. '시즐'은 고기가 지글지글 끓는 소리를 말한다. 다시 말해 햄버거를 팔 때 햄버거의 영양가나 가격을 선전하는 것도 중요하지만, 고객을 부르기 위해서는 철판에 계속 햄버거를 지글지글 끓이면 그 소리에 자연스레 고객이 가게로 들어온다는 이론이다. 제품보다는 구매 의욕을 자극하는 마케팅이 더 중요하다는 의미이다. 영업사원의 정신이란 당신이 원하는 길로 고객을 끌어오는 부드러운 기술이다.

조 상무는 고객의 양보다 질이 중요하다는 것을 모르는 기업이 많은 현실에 대해 따끔하게 충고를 하고 강의를 마쳤다. 우뢰와 같은 박수가 터져 나왔다. 수강생 중에 조 상무의 경험담에 공감하는 현장의 영업사원이 많앉기 때문이다. 김 과장도 이번 강의가 이론적인 체계는 첫 번째 강의보다 못했지만 생생하게 공감할 수 있는 이야기라서 더욱 쉽게 이해할 수 있었다. 이번 특강을 통해 영업 현장을 조금이나마 알 수 있게 되었다. 앞으로 영업 기획에 많은 참고가 될 것 같았다.

'흠, 특강 그거 들을수록 괜찮네.'

김 과장은 아침잠 1시간을 포기한 것이 전혀 아깝지 않았다.

이론과 경험을 번갈아가며 강의하는 방식으로 '어리 버드 프로그램'은 6주간 계속되었다. 6회째가 되자 강의 주제도 바닥이 났고, 휴가로 직원들의 참석률도 떨어지고 있었다.

이제 남은 마지막 강의는 스피치 기법이었다. 이 프로그램을 주관한 기획 부서에서는 고객 만족의 일인자인 미모의 박명자 강사를 수배했다. 마지막 강의에 미인계를 쓴 것은 시들해지는 수강 열기를 다분히 의식한 듯했다. 박명자 강사는 유통 회사에서 서비스 교육을 전담해서인지 상냥한 미소가 몸에 배어 있었다. 얼굴에 하나 가득 미소를 띠고 나긋나긋한 목소리로 화술에 대해 강의했다.

박 강사는 체계적이고 학구적으로 강의를 풀어갔다. 모든 내용의 출처를 밝힘으로써 이론적 배경을 확실히 했다. 가벼운 예절 교육쯤으로 생각했던 영업사원들이 자세를 고쳐 앉아 메모를 하기 시작했다.

"성공하는 화술의 첫 번째 명제는 경청이에요. 고객의 말을 들어야만 설득을 하든가 상품을 팔든가 할 수가 있어요. 고객과 만날 수 있는 시간이

10분 정도라면, 인사에 1분, 상대의 말을 듣는 데 6분, 그리고 마지막에 자기의 이야기를 하는 데 3분, 즉 1·6·3 배분이 대화의 상식이에요."

박 강사는 말하는 것보다 듣는 것이 더 중요하다고 결론지으며 강의를 마쳤다. 강의가 끝나자 박수가 터져나왔다. 이 박수에는 두 가지 의미가 담겨 있었다. 첫 번째는 예상을 뛰어 넘는 명강의에 대한 감동의 박수이고, 두 번째는 '어리 버드 교육프로그램'이 끝난 것에 대한 아쉬움과 기쁨의 박수이기도 했다.

창식은 6주간의 특강 대장정을 끝내고 느낀 바가 많았다. 손자병법에서도 말했듯이 '지피지기 백전불태(知彼知己 百戰不殆)'라 했다. 즉, '나를 알고 상대를 알면 백 번 싸워도 절대 위태롭지 않다'는 말이다. 모름지기 배워야 치열한 경쟁 속에서 살아남을 수 있다. 비록 짧은 기간이었지만 김 과장은 뭔가 새롭게 충전된 기분을 느꼈다.

살면서 배운다는 말이 있다. 우리는 살아가면서 계속 뭔가를 배운다. 중국의 루신(魯迅)은 '사람의 본성 가운데 첫째는 생존하는 것, 둘째는 추위를 피하고 배불리 먹는 것, 그리고 셋째는 발전하고자 하는 것'이라고 했다. 발전하고자 하는 본성이 바로 배움이다. 그러나 중요한 것은 신문이나 소설에서 단편적인 지식을 주는 대로 습득하는가 아니면 자기 훈련과 교육을 통해 지속적으로 성장하는가에 대한 문제이다.

배움이 당신의 위치를 결정한다. 배움은 단순히 머리를 굴리는 것과는 본질적으로 다르다. 그래서 배우기 위해서는 인내심이 있어야 하고 일관성을 가져야 하며 적극적인 참여, 헌신, 몰입이 필요하다. 또한 자신의 행동을 되새겨야 하고 노력이 뒤따라야 한다. 모든 기술은 훈련이 필요하고 모든 자격증은 갱신이 필요하며 모든 도구는 업데이트가 필요하기 때문이다. 우리의 배움에는 끝이 없다.

배움을 멈추지 말라. 날마다 한 가지씩 새로운 것을 배우면 경쟁자의 99%를 극복하게 된다.

Never stop learning. If you learn one new thing everyday, You will overcome 99% of competition.

조 칼로조

CHAPTER 3

영어 잘하는 사람이 연봉도 높다

"진일전자 영업기획과장 김창식입니다."

"Hello, is there marketing division of Jinil electronics?"

김 과장이 전화기를 들자 수화기에서 영어가 흘러나왔다.

"Yes!"

갑작스러운 영어 통화에 당황한 김 과장은 엉겁결에 대답했다. 그러자 상대가 쉬지 않고 영어로 물었다.

"Hi, my name is Mark David. I am working at ABC cooperation. Could I speak to marketing manager?"

김 과장은 자신이 마케팅 담당 과장이지만 영어에는 자신이 없었다. 자리에서 일어나 이창희 대리 쪽을 바라보았다. 마침 이 대리가 자리에 앉아 있었다.

"Hold on, please."

김 과장은 잠깐 기다리라고 하고 재빨리 이 대리를 찾았다.

"여보세요, 진일전자 영업기획과 이창희 대리입니다."

전화를 받은 이 대리에게 김 과장은 급하게 말했다.

"어이, 이 대리. 나 김 과장인데, 이 전화 좀 받아봐. 미국에서 온 전화
야."

김 과장은 전화를 돌리고는 한숨을 내쉬었다. 무슨 큰일이라도 치른 듯
이 온 몸에는 땀이 흥건했다. 학창 시절에 어학연수를 다녀온 이 대리는 영
어가 유창하다. 대화가 잘 풀리는 것 같다. 간혹 웃음소리도 들린다.

'이 놈의 영어가 사람 잡네.'

김 과장은 외국인만 보면 화들짝 놀란다. 행여나 말이라도 걸어올까, 외
국인을 보면 가던 길도 돌아서 다른 곳으로 갈 정도이다. 전화를 끊고 이
대리가 김 과장 자리로 왔다.

"미국의 무역업체인데요. 우리
제품에 관심이 있데요.
그래서 자료를 보내주
기로 했어요."

"짜식들, 그런
거라면 무역부를 찾
아야지 왜 영업기획

부로 전화를 해? 누가 전화를 이리로 돌린 거야!"

김 과장은 주위를 한 번 둘러보곤 괜히 화를 냈다.

외환위기 전에는 영어회화 또는 회계 등 무엇이든지 하나만 잘해도 취업이 가능했다. 하지만 외환위기 이후로 기업에서는 영어회화는 기본이고, 컴퓨터 지식과 회계 관리까지 할 수 있는 다양한 능력을 갖춘 인재를 선호한다. 이제 직장생활에서 어학은 선택이 아니라 필수이다. 그중에서도 영어는 기호나 선택의 문제가 아니라 '생존'의 문제이다. 실제로 서울대 경영학과 86학번 51명 중 '영어 실력이 우수하다'고 응답한 집단의 평균 연봉은 1억 6천만 원, '중간 이하'라고 응답한 집단의 평균 연봉은 7천만 원이라는 통계 결과가 발표되기도 했다.

어학을 익히는 데에는 왕도가 없다. 오직 선택과 집중만이 답이다. 영어 시험인 토익(TOEIC) 광고만 보아도 그 필요성을 절감하게 된다. 영어는 협력을 위해(for collaboration), 협상을 위해(for negotiation), 사랑을 위해(for love), 관심을 위해(for interest), 상호 이해를 위해(for understanding), 그리고 상호 공생을 위해(for mutuality) 반드시 습득해야 할 도구가 되어버렸다.

김 과장은 누구보다도 영어의 절실함을 잘 알고 있다. 하지만 그에게 영어는 언제나 골칫거리 문제로 남아 있다. 영어에 대한 스트레스가 어디 김 과장에게만 있겠는가? 직장인은 물론 초등학생부터 대학생까지 모두에게 영어는 스트레스이다.

교육방송인 EBS의 '지식 채널 e'에 의하면, 초등학생 471명 중 42%는

'영어 때문에 스트레스를 받은 적이 있다'고 한다. 18%는 '영어 때문에 왕따 당한 적이 있다', 51%는 '그래도 영어는 살아가는 데 꼭 필요하다'라고 답한 것만 보아도 대한민국에서 영어 때문에 고민해보지 않은 사람이 없음을 알 수 있다. 이를 비웃기라도 하듯이 2007년 7월 워싱턴포스트지에는 '오늘날 한국에서는 영어를 완벽하게 하는 것만큼 미래를 보장하는 게 없다'는 기사가 실리기도 했다.

김 과장과 이 대리가 시장 조사차 미국 출장 갔을 때의 일이다. 잠시 시간이 나서 김 과장이 간식거리를 사기 위해 나갔다. 그런데 잠시 후 호텔 앞 과일가게에서 과일 한 봉지를 사들고 온 김 과장이 입을 헤~ 벌리고 호들갑을 떨고 있는 것이다. 이를 본 이 대리가 물었다.

"과장님, 무슨 일 있었어요? 왜 이리 기분이 좋아서 싱글벙글 웃고 계세요?"

"아, 글쎄 말이야, 요 앞에 과일가게 아가씨가 나한테 관심이 있나 봐. 내가 과일을 들고 물어보면 'Lovely, Lovely'를 연발하는 거야. 게다가 계산하고 나올 때 'See you later'라고 하잖아. 나한테 관심이 있나 봐. 사랑스럽다고 하고 나중에 또 보자고 하니 말이야."

이 대리는 김 과장의 말을 듣고 배꼽을 잡고 웃었다. 김 과장은 이 대리가 왜 자지러지게 웃는지 영문을 모른 채 멍하니 쳐다보았다. 잠시 후 이 대리는 어리둥절해 있는 김 과장에게 간신히 웃음을 참고 설명해주었다.

"죄송해요. 김 과장님, 'lovely'는 이 사람들이 그냥 '좋다', 즉 'good'

이라는 의미로 쓰고요, 'see you later'는 '또 오세요'라는 말이에요. 김 과장님이 오버하신 거예요."

김 과장은 좋다 말았다. 아니 망신살이 뻗쳤다. 짧은 영어 실력이 빚은 해 프닝이었다. 이게 학교 영어의 한계이다. 10년 넘게 영어를 배우고 그 실력 으로 대학 입학과 회사 취업까지 했지만 그 영어는 죽은 영어일 뿐이다. 그저 영어 단어를 직역만 해서 알아들었지 생활 영어를 전혀 알지 못한 탓이다.

이 대리가 귀국해 사무실에 발설하면 큰일이다. 회사에 알려지면 개망 신이다. 김 과장은 회사에서 절대 말하지 않는 조건으로 호텔 라운지에서 근사하게 저녁을 사기로 했다.

"이 대리, 우리 이 일은 아무에게도 말하지 않기다? 알았지? 우리 약속 해."

김 과장은 새끼손가락을 내밀었다.

"됐어요, 저는 안 한다면 안 해요. 왜 이래요? 애들처럼."

이 대리는 김 과장의 손을 뿌리쳤다. 성격이 화통한 이 대리지만 김 과장 은 영 마음이 편치 않았다.

귀국하자마자 김 과장은 용기를 내어 영어학원 새벽반에 등록했다. 예 전부터 영어는 기본적으로 필요하다고 생각했지만 늘 실천에 옮기지는 못 했다. 그런데 이번에 이 대리에게 망신을 당한 사건이 새벽 어학학원에 등 록하게 된 결정적인 계기가 된 것이다.

하지만 학원을 다닌 지 석 달 정도 되자 하루 이틀 결석이 잦더니 결국은 용두사미로 끝났다. 새벽에 일찍 일어나니 하루 종일 나른하고 피곤해 회사에서도 꾸벅꾸벅 졸기 일쑤고, 결국 학원을 중단하고만 것이다.

그러나 회사는 김 과장을 가만두지 않았다. 언젠가부터 회사에서 영어 회화 능력을 요구하기 시작했다. 승진에 영어 점수를 반영하겠다고 한다. 하는 수 없이 새벽 체질이 아니니 이번에는 저녁에 학원을 다니기로 했다. 빈번한 저녁 회식과 수많은 유혹을 뿌리치고 승진에 필요한 자격을 겨우 딸 수 있었다.

'언제쯤 이 놈의 영어 스트레스에서 벗어날 수 있을까?'

오늘도 김 과장은 이어폰을 귀에 꽂고 영어회화를 듣고 있다.

·≫ 격언 한 마디

교사가 지닌 최고의 기술은 학생에게 창조적 표현과 지식의 즐거움을 깨우쳐주는 것이다.

It is the supreme art of the teacher to awaken joy in creative expression and knowledge.

아인슈타인

CHAPTER 4

직장인의 새로운 점심 풍속도 '런치터디'

"도현이냐? 나, 창식이야. 오늘 점심 약속 있니? 없으면 나하고 같이 하자."

"그래, 이따 회사 현관에서 봐."

둘은 사무실 앞 설렁탕 전문 식당에 들어갔다. 때마침 바쁜 점심시간이라 겨우 빈자리를 찾아 앉을 수 있었다.

"와, 이 집 주인, 벼락부자 되겠다. 이렇게 사람이 많으니 말이야."

"임마! 벌써 부자 됐어, 강남에도 체인점 열었는데 번호표 나누어준다더라."

놀란 눈으로 식당을 두리번거리던 도현이가 순진했던지 창식은 살짝 핀잔을 줬다. 두 사람은 허겁지겁 설렁탕 한 그릇을 뚝딱 먹어치우고는 근처

스타벅스 커피숍에 들어갔다. 도현은 진한 에스프레소를 주문했고 창식은 아메리카나를 시켰다. 요즈음 직장인의 점심 풍속도는 배는 간단히 김밥이나 면으로 채우고 분위기 있는 브랜드 커피숍에서 자기가 좋아하는 비싼 커피를 마시는 것이다.

"그런데 웬일이야? 전화를 다하고? 짠돌이인 네가 점심까지 사고 말이야."

도현은 궁금한 것을 못 참는 성격이라 먼저 물었다.

"야, 임마, 우리끼리 전화도 못 하냐? 그리고 밥도 못 사냐?"

창식은 눈을 흘기며 면박을 주었다. 하지만 곧 정색을 하고 진지하게 물었다.

"그래, 대학원은 다닐 만하냐?"

창식은 오늘 불러낸 속내를 털어놓기 시작했다. 사실 지난 번 '어리 버드 프로그램' 강의를 듣고 느낀 것이 많았다. 창식의 인생에서 꼭 돌이키고 싶은 것이 한 가지 있다면 바로 학력이다. 요즘은 대학 졸업 학력만으로는 차별화가 안 된다. 석사는 기본이고 임원이 되기 위해서는 박사 정도는 되어야 한다. 진일전자 임원의 과반수가 박사들이다. 도대체 학력이 뭔지, 그놈의 학력 때문에 평생 두고 괴로워하는 직장인들이 너무나도 많다. 바로 김 과장도 그중 한 사람이다. 그래서 내친 김에 대학원 진학을 생각 중이던 차에 먼저 대학원에 다니는 도현에게 정보를 얻기 위해 점심을 산 것이다.

"응, 다닐 만해. 첫 학기에는 정신이 없었지. 뭐가 뭔지 알 수가 있어야지. 그리고 나이 들어서 공부하려니 여간 힘든 게 아니더라. 4학기째인데 이제는 할 만해."

도현은 벌써 3학기를 마치고 앞으로 1년이면 석사 학위를 받게 된다. 하지만 창식은 1년 전이나 지금이나 별반 달라진 것이 없었다. 그런 도현을 보고 있으려니 창식은 열등감 비슷한 감정에 마음이 착잡했다.

그런데 이런 생각은 비단 창식만 가지는 것이 아니었다. 한 취업포털에서 직장인 1천 557명을 대상으로 최종 학력 만족도를 조사한 결과, '만족한다'는 응답자는 33%에 그쳤고, 67%가 불만족을 표시했다. 자신의 학력에 불만족하는 이유는 '일하고 싶은 분야로 이직이 어렵기 때문'이라는 응답이 34.2%로 가장 많았고, '일하는 분야에서 전문지식이 부족함을 느낀다'가 31.3%로 그 뒤를 이었다. 이외에도 '승진에 제한이 있는 것 같다' (30.7%), '연봉협상이 잘 안 된다'(23.4%), '회사에서 비중 있는 업무를 맡지 못한다'(21.0%) 등의 응답도 있었다. 또한 응답자 중 51%는 자신의 최종 학력에 만족을 느끼지 못함에 따라 진학을 고려하고 있는 것으로 나타났다.

요즈음 직장인은 매우 고달프다. 대학 입시보다 더 힘든 취업문을 비집고 입사했지만, 그때부터 치열한 경쟁이 기다리고 있다. 이러한 경쟁에서 낙오하는 삼팔선, 사오정이 되지 않고 살아남기 위해서 직장인들은 샐러던트(Saladent)가 될 수밖에 없다. 샐러던트란 직장인(Salary man)과 학생(Student)의 합성어에서 나온 신조어다. 최근 한 조사기관의 발표에 의하면, 약 70%의 직장인이 샐러던트라고 한다. 직장인들이 이처럼 공부에 열중하는 이유로는 '자기 계발', '미래 준비', '인적 네트워크' 그리고 '승진' 때문이라고 한다.

치열한 경쟁에서 살아남기 위해서는 남보다 차별화된 자신만의 생존 무기를 가지고 있어야 한다. 그 차별성은 배움으로 만들어진다. 배움을 얻는다는 것은 자기 자신의 인생을 사는 것이다. 배운다고 해서 하루아침에 행복해지거나 부유해지는 것은 아니지만, 세상을 더 깊이 이해하고 자기 자신과 더 평화롭게 지낼 수 있기 때문이다.

"어이, 이 대리, 어디를 그리 급하게 가시나요?"

점심시간이 되자마자 회사를 황급히 빠져나가는 이 대리를 김 과장이 불러 세웠다.

"어, 과장님, 제가 볼 일이 좀 있어서요. 그럼 먼저 실례!"

낮 12시. 이창희 대리는 김 과장의 제지에도 불구하고 빠른 걸음으로 사무실을 빠져나갔다. 요즘 이 대리는 혼자서 점심을 먹는다. 이 대리가 도착한 곳은 식당이 아니라 학원이었다. 요리에 관심이 많은 그녀는 점심시간을 활용해 요리학원을 다니고 있다. 시간을 쪼개 취미 활동도 즐기고 점심도 해결한다. 짧은 점심시간을 활용하는 강좌라서 주로 샌드위치를 만드는 방법을 배우고 있다. 점심시간을 의미 있게 보낼 뿐만 아니라 뿌듯함을 느낄 수 있고, 오후 업무의 활력소가 되어 기분도 좋다.

쫓기는 듯 밥을 먹고 비싼 커피숍에서 수다를 떠는 여느 직장인과 달리 이 대리가 자신만의 경쟁력을 키우기 위해 점심시간을 적극 활용하는 '런치터디(Lunch-study)'를 시작한 지 벌써 3개월이다. 매주 수요일은 '와인과 런치' 특강에도 참여한다. 점심도 때우고 와인에 대해 배울 수 있어 일거양 득이다. 이 과정은 직장인의 자투리 시간을 이용한 마케팅 홍보 효과로 많은 인기를 끌고 있는 강좌이다.

"이 대리, 멋진 남자와 데이트하고 오나?"

김 과장은 심술궂게 농담을 했다.

"네, 연인과 분위기 있는 오찬을 나눴죠."

이 대리는 상사의 힐난 섞인 농담에도 초강수로 대응했다.

"요즘 아무래도 수상해. 누구 사귀지?"

김 과장은 최근 이 대리의 행동에 관심이 많아졌다.

"노, 노, 이츠 마이 시크릿! (No, No, It's my secret!)"

이 대리는 영어로 짤막하게 대답하고 자리에 앉아 컴퓨터를 켰다.

세상에는 배울 것이 수없이 많다. 공부할 지식도 넘치도록 많다. 하지만 나이를 먹을수록 시간이 부족해지고 배움에 대한 열정과 능력이 떨어진다. 배움에는 무엇보다도 의지가 가장 중요하다. 그리고 철저한 시간 관리가 중요하다. 시간은 누구에게나 주어지는 공평한 자본이다. 그리고 이 자본을 잘 활용하는 사람이 성공한다.

샐러던트로서 효율적으로 시간을 관리하기 위한 방법으로는 '퇴근 후 2시간 투자하기', '자투리 시간 모으기', '점심시간 활용하기', '배우는 주말 보내기' 등이 있다. 직장인으로서의 공부는 업무와 병행해야 하기 때문에 시간 활용이 핵심이다. 아마도 이창희 대리는 이 사실을 잘 알고 있음에 틀림없다.

"너, 이창희 대리 소식 들었지?"

"그래, 휴직하고 유학 간다며?"

"그래, 대단한 여자야. 자기가 하고 싶은 것을 위해 과감하게 직장을 관두고 유학을 간다니 말이야."

창식은 부러운 듯 이야기했다.

"들리는 말에 의하면 요리를 배우러 프랑스로 간다고 하더라."

'그래서 점심 때마다 요리며 와인이며 그런 강좌에 그렇게 열심이었구나.'

그 동안 이 대리가 점심시간만 되면 부리나케 줄달음친 이유를 이제 확연히 알게 된 것이다.

"부럽다. 이 대리가……."

"우리라고 못할 것 없잖아. 창식아! 강의실 들어가자."

도현이는 이 대리를 마냥 부러워하는 창식의 어깨를 툭 치며 강의실로 먼저 들어갔다. 그날 점심을 같이 한 후 3개월 뒤, 창식은 모교의 경영대학원 MBA 과정에 입학했다. 학교를 떠난 지 만 8년 만에 다시 돌아온 것이다. 예전에는 그저 다녀야 한다는, 그리고 졸업을 해야 한다는 의무감으로 학교를 다녔다. 그래서 학교에 대한 추억이나 감흥이 별로 없었으나 지금은 학교의 모든 것이 새롭고 다정스러웠다. 가로수며 벤치, 심지어는 화장

실까지도 정겹게 느껴졌다. 오늘부터 창식도 도현처럼 샐러던트의 삶을 시작한 것이다.

직장은 배움의 종착역이 아니라 새로운 출발점이다. 여유 있을 때 배우겠다고 말하지 마라. 여유 있을 때 배우려 한다면 끝내 배우지 못할 것이다. 창식은 '성공적인 샐러던트의 습관'을 메모해놓은 수첩을 펼치고 앞으로의 계획을 구상했다.

1. 일주일 단위로 계획을 점검하라.

2. 새벽형인지 저녁형인지 자신의 스타일을 파악하라.

3. 직장 동료는 적이 아니고 지원군이다.

4. 인적 네트워크가 성공의 지름길이다.

5. 공부와 업무를 연관짓도록 하라.

6. 디지털 기기를 활용하라.

7. 마음 먹었다면 당장 실천하라.

·⫸ 격언 한 마디

성공의 비결은 남들이 잘 때 공부하고, 남들이 빈둥거릴 때 일하며, 남들이 놀 때 준비하고, 남들이 그저 바라기만 할 때 꿈을 갖는 것이다.

The recipe of success is to study while others are sleeping, work while others are loafing, prepare while others are playing, and dream while others are wishing

월리엄 워드

CHAPTER 5

복어의 간, 먹을까 말까

"김창식 과장님이세요?"

인사발령 결과를 보고 상심하던 중 전화벨이 울렸다. 뜻밖에 상냥한 여자의 목소리다.

"네, 그렇습니다만……."

"아, 김 과장님이시군요. 반갑습니다. 저는 브레인의 박상희라고 합니다."

"실례지만 누구시라고 하셨지요?"

창식은 조심스럽게 물었다. 처음에는 대출을 권유하는 스팸 전화쯤으로 생각했다. 그러나 처음 들어보는 회사 이름에 낯선 사람의 전화라서 다시 한 번 물었다.

"네, 브레인의 박상희입니다. 혹 '서치 펌(Search Firm)'이라고 아시지요? 저희 회사는 서치 펌입니다."

"아~ 헤드 헌터 회사 말입니까? 그런데 제 이름은 어떻게 아셨나요?"

"그건 말씀드릴 수 없고요. 시간 좀 내주시겠습니까? 만나서 드릴 말씀이 있습니다."

창식은 내심 기분이 언짢았다. 자신의 전화번호를 알고 있는 것도 불쾌한데 무슨 수사기관이라도 된 것처럼 취재원을 보호한다고 비밀이라니. 생각할수록 괘씸해서 그냥 끊어버리려다가 약간의 호기심이 발동했다.

"글쎄요, 시간이 많지는 않지만, 내일 오후에는 시간이 좀 있기는 합니다만……."

"그러세요. 오후 3시쯤 괜찮으세요? 괜찮으시다면 제가 회사로 찾아뵙겠습니다."

창식은 엉겁결에 시간 약속을 해버렸다. 귀신같은 정보망을 가진 사람들이 바로 헤드 헌터들이다. 헤드 헌터라는 단어에서 주는 어감이 마음에 들지 않는지 스스로는 '서치 펌'이라고 부른다. 먹이를 보면 놓치지 않는 사냥꾼의 기질을 가진 사람들의 집단이다. 대기업의 연말 인사가 끝나면 하이에나처럼 탈락한 후보자들을 집중 공략한다.

다음 날 오후 2시 50분, 회사 정문의 안내 데스크에서 전화가 왔다.

"안내 데스크입니다. 김 과장님, 손님이 찾아 오셨는데요."

"네, 직원을 보낼 테니 올려보내세요."

여직원이 1층 로비로 내려가 박상희 씨를 데리고 올라왔다. 단아하게 차려 입은 양장에 똘망똘망한 눈빛이 전형적인 커리어우먼 스타일이었다.

"놀라셨지요? 죄송합니다. 저는 브레인에 근무하는 박상희입니다."

명함을 꺼내 정중하게 인사를 했다. 명함에는 브레인의 이사 직함이 찍혀 있었다. 창식도 명함을 건넸다. 몇 가지 덕담을 나눈 뒤에 본론으로 바로 들어갔다.

"김 과장님, 현재 하시는 일에 만족하십니까?"

"네?"

"하시는 일에 만족하시는지를 물었습니다."

창식은 자리에서 일어나 주위를 둘러보았다. 혹 누가 들을까 조바심이 났다. 마침 주위에는 아무도 없었다. 크게 숨을 들이키고는 자리에 앉았다. 박상희는 김 과장의 그런 행동에 개의치 않고 계속 대화를 이어나갔다.

"회사 이름은 밝힐 수는 없습니다만, 최근에 인기 있는 인터넷 회사에서 중견 간부를 구하고 있습니다. 제가 조사한 바로는 김 과장님이 적임인 것 같아 추천하려는데, 의향이 있으신지요?"

갑작스런 제안에 당황한 창식은 반사적으로 거절했다.

"뭐, 제가 그럴 재목이 되나요? 저를 너무 과대평가하신 것 같습니다. 매우 고맙기는 합니다만, 저는 지금 회사가 제 체질에 맞는 것 같습니다."

창식은 박상희의 제안을 거절하려 보니 마음에도 없는 말이 튀어나왔다.

"아, 그러세요? 잘 알겠습니다. 하지만 그곳에서 억대 연봉을 제시했습니다. 천천히 시간을 두고 생각해보신 후에 연락을 주십시오."

박상희는 첫 대면이라서 강요하지 않고 예의 바르게 물러났다. 창식은 도깨비에 홀린 기분이었다. 샐러리맨에게 1억 연봉은 꿈이다. 헤드헌팅 업계에서는 억대 연봉자를 '톱 탤런트'라고 부른다.

톱 탤런트 직장인은 해마다 20%씩 늘고 있다. 1997년 7천 명에 불과했던 수치가 2001년 2만 1천 명으로, 2005년에는 5만 5천 명, 2007년 9만 2천 명으로 늘어가고 있다. 최근에는 10만 명이 넘는다고 한다. 이러한 억대 연봉자들의 특징은, 첫째, 열심히 하기보다는 잘하는 사람이다, 둘째, 자기 자신만의 독특한 자기관리법을 체득하고 있다, 셋째, 슬럼프와 스트레스 관리 능력이 있다는 것이다.

창식은 조금 전 박상희와의 은밀한 만남에 대해 현재 몸담고 있는 회사 입장에서 약간 양심의 가책을 느끼기도 했지만, 내심 한편으로는 이참에 옮기고 싶은 마음이 드는 것도 사실이었다.

'정말 내가 억대 연봉을 받을 만한가?'

창식은 흐뭇한 미소를 지었다.

"정말 한번 옮겨 볼까?"

단숨에 소주잔을 비우고 나서 창식은 말했다. 퇴근 후 대학 동창인 정호와 삼겹살에 소주를 마시고 있는 중이다. 낮에 스카우트 제의로 마음이 싱숭생숭해 도저히 그냥 집으로 갈 수가 없었다. 허물없는 이야기를 나눌 수 있는 친구가 필요했다. 다른 회사에 근무하는 정호를 불러내 자초지종을 이야기하니 뜬금없이 한마디 한다.

"스카우트 제의라? '복어의 간' 과 같은 거로구나."

"'복어의 간' 이라니?"

창식은 정호의 동문서답에 다시 물었다.

"위험하지만 한번쯤 먹어 보고 싶은 음식이잖아."

"거 말 되네, 그거 보통 배짱으로는 못 먹지."

무엇이든 상관없다. 중요한 것은 매일 조금씩 더 그렇게 되도록 노력하는 것이다. 자신의 재능을 살려 최고의 전문가가 되기 위해 노력하는 것이다. 더 이상 평생직장은 없다. 그러니 평생 동안 버텨낼 수 있을지도 모른다는 희망으로 '튀지 않고 온순하게 시키는 일만 하면서' 현재의 직장을 유지하려는 것은 더 이상 현명한 생각이 아니다. 이제는 지식, 능력, 재능, 꿈만이 개인적인 자본이자 미래를 보장하는 재산이다. 이 자본을 지속적으로 돌보면서 발전시키되 한 걸음 더 나가는 것, 즉 남들이 인정할 만한 특별함을 계발해야 한다. 큰 위기가 큰 변화를 만들어내고 더불어 큰 기회를 제공하는 법이다. 이런 때일수록 대담해야 한다.

···》 격언 한 마디

한 인간의 가치는 그가 무엇을 받을 수 있느냐가 아니라 무엇을 줄 수 있느냐로 판단된다.

The value of a man should be seen in what he gives and not in what he able to receive.

아인슈타인

직장인 긍정 심리학

샐러리맨의 생존력 : 변화 - 나의 '변화력'을 키워라

기업은 시속 100마일, 가족은 시속 60마일, 학교는 시속 10마일, 법은 시속 1마일로 변화한다고 한다. 가장 빠른 속도로 변하는 곳이 바로 기업, 즉 직장이다. 하지만 직장인들은 지나간 것에서 배우려 하지 않고, 앞날을 위해 무엇을 해야 할지 고민하지도 않는다. 오로지 앞만 보고 질주하려고 한다.

제동을 걸려는 사람을 타박하고, 더 나은 가치를 말하는 사람에게 재갈을 물린다. 그리고 시시각각 변화하는 주변 환경을 무시하고 산다. 직장인들은 익숙한 것에서 벗어나려 하지 않는다. 마치 서서히 데워지고 있는 냄비 속의 개구리처럼 그저 현실에 안주하고 만다. 세상에서 가장 어려운 문제는 사람들에게 새로운 아이디어를 수용하게 하는 것이 아니라 낡은 아이디어를 잊게 하는 것이다.

인간은 늘 변화한다. 변화는 기회다. 우리 자신이 우리가 추구하는 변화의 대상이 되어야 한다. 과거는 바뀌지 않지만 우리의 행동을 바꾼다면 미래는 바꿀 수 있다. 변화는 가진 자의 것이 아니라 가지려고 하는 자의 것이고, 생각하는 사람이 아니라 행동하는 사람의 것이다. 발전하기 위해서는 변해야 한다. 윈스턴 처칠은 완벽을 원한다면 수시로 변해야 한다고 말했다.

무슨 일이든 너무 높이, 너무 큰 것만 바라보지 말고 실제로 할 수 있는 작은 일부터 시작해야 한다. 지금 당장 최소한 출퇴근 시간을 활용해 어학 공부라도 하자. 방법은 간단하다. 자가용을 이용해 출근을 하든 대중교통을 이용하든 항상 MP3나

PDA를 휴대해 오디오 교재를 들으면 된다.

중요한 것은 남이 한 일을 따라서 하는 것이 아니라 이를 먼저 생각하고 실천하는 것이다. 남과 다른 특별한 경쟁력은 남과 다른 특별한 시도에서 온다. 마이크로소프트의 빌 게이츠는 이렇게 말했다. "나는 힘이 센 강자도 아니고 두뇌가 뛰어난 천재도 아닙니다. 타성의 생쥐를 몰아내기 위해 날마다 새롭게 변할 뿐입니다. 그것이 나의 성공 비결입니다. 'Change'의 g를 c로 바꿔 보십시오. 'Chance(기회)'가 되지 않습니까?"

열정이 없으면 변화도 없다. 언제나 자신에게 변화와 새로움, 젊음을 선사하라. 그렇지 않으면 삶에 무뎌질 것이다. 변화의 파도에 휩쓸려 미지의 바다로 떠내려가기보다는 변화의 작은 실마리를 기민하게 낚아채고 스스로 변화를 주도하는 일이 무엇보다 중요하다.

누구에게나 똑같이 아침은 찾아온다. 그러나 누구에게나 아침이 모두 찬란한 것은 아니다. 만약 그대의 아침이 찬란하지 않다면 태양을 탓하지 말고 그대 자신을 탓해야 한다. 그대의 모든 미래는 그대 자신이 스스로 만들어나가야 한다.

커리어 로드맵을 그려라

최근 일자리 창출을 위한 각종 정부 대책이 발표되고 있는 가운데에서도 금융권을 비롯한 일부 기업들의 경우 퇴출 바람이 몰아치고 있다. 요즘 같은 때는 굳이 중년이 아니라도 실업의 위기감을 실감케 된다. 하지만 남다른 노력과 열정으로 하루하루를 준비한다면 추후 자유로운 커리어 전환을 통해 위기를 기회로 바꿀 수 있는 전화위복의 계기를 마련할 수도 있다.

이를 위해서는 우선 '직장에서 니는 꼭 필요한 존재인가?' 라는 질문을 통해 스스로의 가치를 평가해볼 필요가 있다. 자신이 처한 현실을 직시해야만 구체적인 커리어 발전 방안을 고민할 수 있기 때문이다. 롱런하는 직장인으로서 경력 관리 전략을 펼치기 위해서는 우선 스스로 위기의식을 갖고 자신을 업그레이드해야 할 필요성을 절실하게 느껴야 한다.

첫째, 커리어 개발 동기를 찾아라.

자기계발의 뚜렷한 목적과 필요성이 뒷받침되고 주변 상황에 대한 위기의식이 밑바닥에 깔려 있을 때 자기계발에 적극적이고 위기에도 빠르게 대처할 수도 있다. 위기가 닥치기 전에 자기발전 계획을 지속적으로 수립하고 이를 실천하는 과정에서 자기계발의 방향에 맞게 자생력을 키워나가야 한다.

둘째, 커리어 로드맵을 그려라.

당장 눈에 보이지는 않더라도 직장인들의 자기계발 경쟁은 지금 이 순간에도 끊임없이 지속되고 있다. 수많은 지식 경쟁자들 사이에서 당신은 어떤 히든카드를 마련해두었는가? 딱히 떠오르지 않는다면 우선 자신이 원하는 직장에서 최종 목표로 하는 커리어 분야를 그려보자. 그리고 경력 관리 목표를 실행하기 위한 구체적인 계획을 짜는 일부터 실천해보라. 자신의 커리어 분야에 대한 로드맵이 보다 세부적이면서 명확하게 제시되어야만 경력 관리의 밑그림을 그려나갈 수 있기 때문이다.

셋째, 샐러던트가 되라.

커리어 로드맵의 밑그림이 구체화되면 이제는 세부적인 커리어 계발 계획을 세워 이를 실천하는 것이 중요하다. 기업뿐 아니라 개인의 경우에도 자기계발 의지에 추진력을 싣기 위한 분명한 목표의식을 가지는 것이 바람직하다. 본인의 커리어를 개발하기 위해 꾸준하게 학습하고자 하는 샐러던트로서의 마인드와 열정만 있다면 당신도 훌륭한 커리어 로드맵을 완성시킬 수 있다.

아침형 인간이 되기 위해 매일 새벽에 집을 나서면서 끊임없이 공부해야만 도태되지 않는다는 위기의식을 가지고 샐러던트로서의 삶의 방식이 확산되고 있는 이 순간, 당신은 자신의 커리어 분야에서 롱런하기 위해 어떠한 열정과 노력을 쏟고 있는가?

- 『정철상의 커리어 노트』 중에서 요약 발췌

PART 3

중견 간부들의
비애와 새로운 고민들

40대는 삶에 의혹이 없어지는 불혹(不惑)의 시기이다. 하지만 형편과 여건이 갖춰질 때까지 기다리기만 한다면 어느새 현실에 파묻혀 꿈은 사라지고 만다. 그러므로 무언가 되기 위해서는 반드시 지금 이 순간 무언가를 해야만 한다.

대한민국 샐러리맨, 거침없이 살아라

SALARIED MAN

CHAPTER 1

한 부장, 새로운 영업맨이 되다

"상국아, 내가 영업을 할 수 있을까?"

"글쎄다. 너는 재무 출신이라 쉽지 않을 텐데, 그냥 그 자리에 죽치고 있지. 왜 그래?"

아직 술을 마시기에는 조금 이른 시간이다. 하지만 한남동의 골목길 지하에 자리 잡은 플라멩고 카페에서는 이미 두 남자가 술을 마시고 있다. 한 사람은 학자풍의 샌님 같은 스타일의 사람이고, 반대편에 앉아 있는 사람은 넉살 좋고 기름 끼가 흐르는 타고난 장사꾼 타입이다. 두 사람은 고교 동창으로 죽마고우이다.

학자풍의 사나이는 한상복 부장, 그는 수재형으로 일류 대학의 상경계열을 졸업하고 공채로 은행에 입사해 다니다가 대기업인 진일전자로 이직,

재무팀장으로 있다. 장사꾼 타입은 조상국 상무, 그는 대학 시절부터 학생 회장을 할 정도로 외향적인 성격으로 처음에는 언론사 기자생활을 했으나 마음에 내키지 않아 영업직으로 전환해 현재 중견 컴퓨터 회사의 영업 총괄 전무가 되었다.

고교 동창생은 많지만 두 사람은 비슷한 업종에 있는 관계로 자주 술자리를 가지는 편이다. 물론 영업 상무인 상국의 단골 술집에서 만나고 술값도 항상 그가 낸다. 상복은 그런 상국이 내심 부럽기도 했다. 영업직이어서 부러운 것이 아니라, 요즘 상복의 회사인 진일전자의 분위기가 심상치 않기 때문이다.

상복은 그동안 별 어려움 없이 부장 자리까지 올라왔다. 그런데 요즈음 회사 분위기가 구조조정이라는 미명 하에 고참 부장들에게 은근히 희망퇴직을 권하거나, 업종 전환을 강요하고 있는 것이다. 요즘 상복이 부쩍 자주 상국을 만나는 것도 이런 회사 분위기 때문이다. 상국이 진지하게 충고한다.

"영업은 아무나 쉽게 하는 일이라고 생각하기 쉬운데, 영업이 겉보기처럼 그렇게 쉬운 일이 아니다. 내가 보기에 너는 영업 체질이 아니야. 다시 한 번 잘 생각해봐라."

나름대로 분위기가 심각해지고 있는데 카페 주인인 박 마담이 상국의 옆에 바짝 붙어 앉으면서 분위기를 바꾸려고 끼어들었다.

"술집에 와서도 사업 이야기를 하고 그러세요? 술 마시면서 노래도 하고 스트레스도 풀고 가셔야지요. 미스 최! 이리 와서 분위기 좀 띄워라"

분위기는 자연스럽게 바뀌었고 항상 그러하듯이 술잔이 몇 순배 돌았다.

거의 밤 12시가 다 되어서 두 사람은 카페를 나왔다. 상국은 대리운전 기사를 불러 먼저 차에 올랐다.

"나 먼저 간다. 하여간 잘 생각해서 결정해라."

상국을 태운 차가 큰길로 나서는 것을 보고 상복은 택시를 잡기 위해 대로변으로 걸어갔다. 물론 상국과는 집이 반대 방향이기도 하지만 상복은 오늘 왠지 택시를 타고 가고 싶었다. 늦은 가을 밤의 제법 쌀쌀한 공기가 얼굴에 스쳤다. 술기운이 확 달아나는 것 같았다. 택시를 기다리는 내내 상복은 머릿속이 복잡했다.

'어떻게 해야 하나? 영업으로 전환해야 하나?'

두 사람 모두 정신없이 바쁜 한 주일을 보냈다. 그 사이에 상복은 영업직으로 전환하기로 마음을 굳혀갔다. 사실 상복에게는 전환을 하지 않고서는 견뎌낼 별 뾰족한 방도가 없었다. 부장 자리는 한정되어 있고 잘나가는 후배들은 치고 올라오니 상복이 설 땅은 점점 좁아져만 갔다.

막상 영업직으로 전환하기로 결정하고 나니 마음이 착잡해진 상복은 상국에게 전화를 했다. 마침 외근 중이라 자리에 없다는 말에 여비서에게 전화를 달라는 메시지를 남겼다. 퇴근 무렵이 다 되어서 상국으로부터 전화가 왔다. 갑자기 큰 규모의 입찰 건이 생겨 그것을 성사시키기 위해 무척 바빴다고 한다. 퇴근 후 지난번에 만났던 카페에서 보기로 약속했다.

상복은 평소보다 조금 서둘러 사무실을 나섰다. 테헤란로의 교통 체증은 더 이상 러시아워가 따로 없다. 그래도 예전에는 퇴근 시간에만 주로 붐

벴는데 요즈음은 하루 종일 교통 체증이다. 특히 퇴근 무렵이면 강남의 모든 도로는 주차장을 방불케 한다. 한국 벤처의 메카인 동시에 강남 유흥가의 본산인 테헤란로는 어둠이 깔리면 불야성을 이룬다.

상복은 자동차로 꽉 메운 테헤란로를 뒤로 하고 한남동으로 들어섰다. 이곳은 강남과는 달리 조용하다. 7시경에 도착했지만 아직 가게는 영업 준비로 어수선하다. 7시 반이 넘어서야 상국이 나타났다. 늦은 가을이라 6시만 돼도 밖은 깜깜했지만, 7시 반인 지금도 카페 안은 초저녁이다. 손님은 오직 상복과 상국 두 사람뿐이었다.

"그래, 잘 지냈어? 바빴다며?"

"응, 이번 주는 정말 바빴지."

입가심으로 맥주 한 잔을 단숨에 쭉 들이키면서 상국은 말했다.

"갑자기 큰 입찰이 나와 번갯불에 콩 튀겨 먹듯이 일주일 만에 해치우려니 여간 힘든 게 아니네. 개 발에 땀났지, 뭐."

"그래, 결과는 좋고?"

"잘될 것 같아. 지금도 마지막 점검하고 오는 길이야."

"잘됐구나, 한 건 해서."

"아직은 몰라, 끝까지 모르는 게 영업이야. 다 되었다 싶다가도 막판에 입찰에서 떨어진 게 어디 한두 번이었나?"

"왜 잘되었다며?"

상복은 상국의 말을 이해하지 못하고 의아한 듯 물었다.

"영업이란 마지막 계약서에 빨간 도장이 찍힐 때까지는 아무도 장담을 못하는 거야. 막판 뒤집기도 있거든. 자, '공장' 이야기는 그만하고 한잔하자."

상국은 업무 이야기를 '공장' 이야기라고 한다. 중소기업은 공장이 생명이다. 그래서 사업을 공장에 비유해서 말하는 것이다.

"그건 그렇고, 너는 어떻게 하기로 했어?"

"으응, 나, 아무래도 영업직으로 전환해야 할 것 같아."

상복은 썩 내키지 않는 마음으로 힘없이 대답하고는 위스키를 벌컥 마셨다. 그렇지 않아도 오늘 영업의 대가인 상국에게 한 수 지도도 받을 겸해서 만나자고 한 것이다.

"네가 그렇게 결정했다니 더 이상 뭐라고 말은 않겠다. 하지만 영업이 그렇게 만만한 게 아니라는 사실만은 명심해둬라. 이것저것 하다가 안 되면 영업이나 하지 뭐, 하는 생각으로는 절대 안 돼. 이것도 엄연한 전문 직종이고, 절대 쉬운 일이 아니니까."

상국은 영업을 아무라도 할 수 있는 일이라고 비하하는 것에 대해 매우 불만이 많았다. 이것저것 하다가 안 되면 마지막에나 하는 직종쯤으로 폄하하는 것을 무척이나 싫어했다. 그렇지만 한편으로는 멋모르고 험난한 길로 들어서는 친구가 안쓰러워 술잔을 건넸다.

"축하한다, 새로운 영업맨의 탄생을 위하여!"

상국은 상복을 누구보다도 잘 안다. 치밀하고 계산적이며 어떤 일을 시작하기 전에 요모조모 따져보고 심사숙고한 끝에 결정하는 타입이다. 상복 입으로 어떤 사실을 이야기한다면 그것은 이미 돌이키기 힘든 결정이다.

두 사람은 말없이 건배를 하고 단숨에 술을 털어넣었다. 8시가 넘어 늦은 출근을 한 박 마담은 상국이 옆에 앉아 아양을 떨었다.

"조 상무님, 그 동안 바쁘셨나 봐, 한동안 뜸하시고……."

"박 마담, 오늘 술 한 병 내야겠다. 드디어 새로운 영업맨이 한 분 탄생하셨다. 여기 한 부장이 영업을 맡으시기로 하셨단다."

"어머, 그러세요? 축하해요, 한 부장님! 물론 제가 당연히 한 병을 내야지요."

"박 군아, 여기 양주 한 병하고, 제일 좋은 과일로 한 접시 내라고 주방에 말해라."

박 마담은 종업원을 불러 위스키 한 병을 가져오라고 지시했다. 새 술병을 뜯어 첫 잔을 공손하게 상복에게 따랐다.

"한 부장님, 영업을 맡으신 것을 축하드리며 대성하시기를 기원하겠습니다."

"이 친구 벌써부터 영업이네? 새 고객 생겼다고 이제 나는 아주 찬밥이네."

"아이, 상무님도 무슨 말씀을 그렇게 하세요? 찬밥이라니요? 제가 얼마나 상무님을 좋아하는데요."

"이 사람아, 입은 삐뚤어졌어도 말은 똑바로 하랬잖아. 나를 좋아하는 게 아니고 내가 쓰는 돈을 좋아하는 게지. 입에 침이나 바르고 거짓말하시지."

박 마담은 입이 쌜쭉해지면서 상국을 꼬집고 자리를 뜬다. 꼬집히는 상국이도 아픈 표정보다는 재미있다는 듯이 너털웃음을 터뜨린다.

"상복아, 영업이라는 게 이런 거다. 박 마담이 네가 좋아서 술을 낸 것이 아니라 새로운 고객을 하나 더 확보했다는 계산에서 선투자한 것이지. 영업 세계는 실로 무서운 세상이야, 돈이 되는 것을 위해서는 물불을 가리지 않는다 이 말씀이야. 그래서 목적 달성을 위해서라면 탈법도 서슴없이 하기 때문에 세간의 지탄을 받기도 하지. 너 같은 샌님이 이런 아수라장에 들어온다니 걱정이 태산이다. 하지만 네가 결정한 이상 최고의 영업맨이 되어라. 자, 그런 의미에서 건배!"

그로부터 1년 동안 상복은 물불을 가리고 않고 발로 뛰는 영업에 온몸을 던졌다. 그 결과 짧은 기간 내 영업맨으로 자리를 잡을 수 있었다. 한 부장의 변신은 성공적이었다.

영업의 성패는 초등 영업 단계에 달려 있다. 자연스럽게 고객에게 접근해야 하며, 이때 어떻게 첫인상을 깊게 심느냐가 관건이다. 대부분의 영업사원이 신규 고객 개척시에 봉착하는 애로사항이 바로 초등 영업의 어려움이다.

고객을 처음 만났을 때는 30초가 중요하다. 30초 안에 고객은 영업사원을 판단하게 되는데, 그 판단은 주로 영업사원의 첫인상을 토대로 하여 결정된다. 그래서 영업은 첫 만남에서 80%가 결정된다고도 한다. 고객으로 하여금 다시 만나고 싶다는 느낌, 저 영업사원은 믿음이 간다는 생각이 들도록 당신의 이미지와 방문 목적을 다시 생각해서 정리하고, 1분 리허설을

용의주도하게 계산해야 한다. 첫 만남에서 자연스럽게 깊은 인상을 남기기 위해서는 전략이 필요하다.

"이성훈입니다. 잘 부탁합니다."

성훈은 오늘도 박카스를 한 병씩 돌렸다. 금년에 입사한 신입사원 이성훈은 선배들의 설득에 자의 반 타의 반으로 영업을 선택했지만, 막상 영업에 배치를 받고 보니 막막했다. 딱히 찾아갈 곳이 없었다. 하늘을 봐야 별을 따듯이 영업은 방문해야 할 고객이 있어야 성과를 쌓을 수 있는데, 갈 곳이 없는 것이다.

선배 과장이 배당해준 담당 고객에게 인사차 방문했지만, 할 말도 없고 특별한 일이 없이 찾아가자니 쑥스럽기도 했다. 회사 영업비가 넉넉해 매일 점심을 접대할 처지도 아니어서 매일 아침마다 '오늘은 어디를 가야 하나' 고민한다. 이런 고민을 할 때면 선배의 감언이설에 넘어가지 말고 그냥 기술직을 지망했으면 이런 마음고생은 안 할 텐데 하는 후회도 들었다.

이제 와서 후회해봤자 이미 때는 늦었다. 사실 꼭 선배의 회유 때문에 영업을 선택한 것은 아니었다. 자기 자신을 시험해볼 마음도 있었다. 첫 직장에서 첫 단추를 잘 끼워보고 싶었다. 그래서 남들이 다 가는 편한 길보다는 어렵더라도 남들이 안 가는 길을 가고자 했다. 성훈은 본인 스스로가 선택한 길이기에 더욱 승부를 걸어보겠다고 굳게 다짐하고 방안을 강구하기로 결심하였다.

오전에 회의를 마치면 무조건 고객사를 방문하기로 했다. 점심이 부담

되므로 점심은 구내 식당에서 대충 때우고, 오후에는 고객사로 향했다. 흔히 말하길 오전은 이성의 시간이고 오후는 감성의 시간이라고 한다. 성훈은 고객과 딱히 이성적으로 처리해야 할 업무가 별로 없기 때문에 감성적으로 친분을 쌓기 위해 오후를 택한 것이다.

어찌 되었든 간에 고객사를 방문해야 하는데 명분이 없어서 생각해낸 아이디어가 바로 '박카스'였다. 고객사에 들어가기 전에 약국에 들러 박카스를 한 박스 샀다. 평소에 안면 있는 고객사 직원과 박카스를 나누어 마시면서 이런저런 이야기를 하고 주위 사람들과 사귀었다. 공짜로 박카스 한 병을 얻어 마신 죄로 고객사 직원들은 간단한 수인사와 이야기를 나누어주었다.

꼭 박카스만 사는 것은 아니다. 계절에 따라 변화를 주었는데, 더울 때는 아이스크림을 열 개 정도 사가기도 하고, 한 여름에는 수박을 한 통 사들고 가기도 했다. 꼭 얻어먹어서가 아니라 그 정성이 갸륵해 일부 고객들은 성훈을 기다리기도 했다. 간혹 성훈이 내부 업무로 바빠서 하루라도 거르면 궁금하기도 했다. 이런 노력 덕분에 고객사의 직원들과 친해졌고 급기야는 '뭔가 도와주어야 한다'는 분위기가 만들어지기 시작했다.

한번은 웃지 못할 해프닝도 있었다. 그날은 고객사의 체육행사 겸 야유회 날이었다. 평소와 같이 고객사 직원들과 뒤엉켜 한 바탕 게임을 하고 있는데, 고객사 상무가 성훈을 보고 물었다.

"못 보던 친군데, 자네 신입사원인가? 어느 부서에서 근무하지?"

고객사 상무는 성훈을 자기 회사 직원으로 착각한 것이다. 성훈은 이런 오해가 생길 정도로 고객과 거리감 없이 지냈다.

'아무리 뛰어난 천리마도 단번에 열 걸음 거리를 뛸 수 없고, 아무리 둔한 말이라고 해도 꾸준히 열흘을 걸어가면 먼 거리에 도달할 수 있다. 성공은 중도에서 포기하지 않는 것에 달려 있다. 조각을 할 때도 하다가 그만두면 썩은 나무도 제대로 깎아내지 못할 것이고, 쉬지 않고 꾸준히 깎아내면 금석도 깎을 수 있다'는 옛 성현의 말씀을 성훈은 몸으로 실천했다. 그 결과 고객과의 마음의 벽을 허물었다. 아직은 큰 프로젝트까진 아니어도 현장에서 도와줄 수 있는 조그마한 프로젝트를 하나둘 수주하기 시작한 것이다. 서서히 영업사원으로 자리를 잡기 시작했다. 이제는 모두가 그를 '박카스 영업의 대가'라고 부른다.

·ᐅ 격언 한 마디

자아는 이미 만들어진 완성물이 아니라 끊임없이 행위의 선택을 통해 형성되는 것이다.

The self is not something ready-made, but something in continuous formation through choice of action.

존 듀이

CHAPTER 2

프레젠테이션은 인생이다

"아무래도 한 부장님이 나서셔야 되겠는데요."

영업팀장인 이 팀장이 말을 꺼냈다. 한동안 침묵이 흘러 회의 분위기는 썰렁해졌다. 지난 주 실전에 대비해 리허설을 했다. 리허설에 참석한 팀장과 영업사원들의 강평은 전반적으로 세가 약하고 업무 부문이 매우 취약하다는 결론이었다. 남은 일주일 동안 모자라는 부분이 보완될 것 같지 않아 설명자를 교체하는 편이 좋겠다는 것이 중론이었다.

문제는 이 짧은 시일 안에 이 문제를 소화시킬 대타가 없다는 점이었다. 회의에 참석한 팀장들은 모두 한 부장을 쳐다보았다. 그 동안 기술 부문에 수많은 제안서와 프로젝트를 수행한 경력과 함께 무엇보다도 금융기관에 근무한 업무 지식이 제격이기 때문이다. 하지만 누구도 선뜻 말할 수가 없어 그저 물끄러미 쳐다볼 수밖에 없다. 이윽고 한 부장이 말문을 열었다.

"좋습니다, 제가 하겠습니다. 설명회 자료를 주십시오."

'프레젠테이션은 인생이다' 라는 말이 있다. 비지니스 세계는 프레젠테이션으로 시작해 프레젠테이션으로 끝난다고 해도 과언이 아니다. 그러므로 직장인들은 반드시 프레젠테이션 능력을 길러야 한다. 그리고 언제 어디서나 자기에게 주어진 과제를 원활하게 프레젠테이션할 수 있는 만반의 준비가 되어 있어야 한다.

'좋아. 능력과 성과도 중요하지만 기본만으로는 경쟁력이 떨어진다. 눈에 띄어야 한다. 나의 존재를 알려야 한다. 내가 준비되어 있음을 기꺼이 입증해야 한다.'

한 부장은 과감하게 결정했다. 팀장들은 안도하는 마음으로 회의를 마치고 자기 자리로 돌아갔다. 조 차장은 그동안 만들었던 설명회 자료를 놓고 조용히 물러갔다.

한 부장은 전체적인 흐름을 파악하고자 자료를 대충 훑어보았다. 자료가 지나치게 기술 중심으로 되어 있고, 현란한 그림과 컬러로 인해 오히려 말하고자 하는 핵심이 부각되지 않았다. 한 부장은 자료를 덮고 조용히 생각에 잠겼다.

'간결하게 요점만을 보고하여 상대를 납득시키지 못하는 사람에게는 큰일을 맡길 수 없다' 고 말한 일본의 이토추 상사 회장인 세지마 류조의 말이 생각났다.

그래서 한 부장이 제일 먼저 착수한 일은 자료를 간결하게 만드는 작업이었다. 지나치게 기술적인 용어를 줄이고 컬러도 가급적이면 부드러운 색감을 가진 색으로 세 가지 이하로 제한했다. 설명회 자료를 발표자의 입장이 아니라 고객의 입장에서 재편성했다.

'내가 고객이라면 이 자료가 이해될 것인가?'

한 부장은 고객의 관점에서 하나하나 훑어보았다. 군데군데 흐름이 끊어지고 때로는 엉뚱한 방향으로 가는 곳도 있었다. 1차 설명회 때 기술적으로는 문제가 없으나 업무를 담당하는 고객에게는 납득이 안 되는 부분이 많다고 지적한 고객의 평가가 옳았다. 그 이유는 고객의 언어가 아닌 발표자의 언어를 사용했기 때문이었다. 몇 차례에 거쳐 수정 보완을 거듭하는 사이에 자연스럽게 전체를 이해하게 되었다. 이제 자료는 어느 정도 정리가 되었다.

'구슬도 꿰어야 보배가 된다' 고 이제는 이 내용을 고객에게 어떻게 전달하느냐가 문제였다. 40분이라는 짧은 시간 안에 제안의 핵심을 고객의 마음에 각인시켜야 한다. '어리 버드 프로그램' 에서 스피치 강의를 받았던 교재를 찾았다. 도움이 될 만한 것이 없나 여기저기 뒤적거리다 보니 9계명 중에 제6계명이 유난히 한 부장의 눈에 들어왔다.

'제6계명 : 상대방의 눈높이에 맞추어 이야기하라'

다시 말해 고객의 눈높이에 맞춰야 한다는 말이다. 또 다른 책에는 프레젠테이션을 잘하는 다섯 가지 요령이 정리되어 있었다.

첫째, 대화식으로 풀어가야 한다.

둘째, 자신 있게 발표하되 겸손한 태도를 가져야 한다.

셋째, 쉽게 말하고 평범하게 진행해야 한다.

넷째, 열정적으로 진지하게 전달해야 한다.

다섯째, 직·간접적인 예화를 사용해 상대의 이해를 도와야 한다.

한 부장은 가능한 전문용어보다는 고객의 용어를 써서 설명하도록 시나리오를 재구성하였다. 프레젠테이션에서 반드시 알아두어야 할 테크닉은 능숙하게 말하는 기술이 아니고, 듣는 이를 사로잡는 기술이다. '중요한 것은 말이 아니라 교감이다!' 한 부장은 이 말을 계속해서 되뇌었다

결전의 날은 다가왔다. 프레젠테이션 날이 잡혔다. 2개월 동안 밤낮을 가리지 않고 제안서를 준비한 결과를 평가받는 날이다. 고객사의 대회의실에서 다음주 수요일 오후 2시부터 40분간이다.

지난달에 정보 제공 설명회 때에는 기술부의 조춘식 차장을 제안 설명자로 내세웠는데, 고객의 반응이 별로 좋지 않았다. 기술에 대해서는 많이 아는 것 같은데 고객의 요구를 정확히 집어내지 못했다는 평이다. 정보 제공 설명회는 본 게임의 전초전이라 그만하면 됐지만 이번 프레젠테이션은 상황이 다르다. 처음에 4개사가 제안서를 냈으나 검토 과정에서 두 곳은 탈락되어 최종 2개사를 선정한 것이라 매우 중요한 설명회이다.

드디어 결전의 날이 밝았다. 설명회 장소에서 필요한 모든 준비는 완료되었다. 만약의 사태를 대비해서 별도의 빔 프로젝터와 노트북 컴퓨터도 따로 한 대씩 더 가지고 왔다. 간혹 장비들이 말썽을 부려 설명회를 망치는

경우도 있어 만반의 준비를 했다.

이윽고 제안서를 심사 평가할 고객들이 모두 참석하였다. 설명회 순서에 따라 진일전자가 먼저 발표했다. 고객사의 사회자 소개로 한 부장은 단상으로 올라갔다. 한 부장은 모처럼 많은 사람들 앞에서 하는 설명회라서 다소 긴장했는지 목소리가 잠기고 말을 씹는 실수를 했다. 하지만 곧 심호흡을 하고 마음을 추슬렀다. '잘해야 돼, 너는 잘할 수 있어, 틀림없이 잘할 거야!' 한 부장은 프레젠테이션을 잘하기 위한 9가지 계명을 떠올렸다.

첫째, 의사 표현을 명확하게 하라.

둘째, 목소리도 가꾸기 나름이다.

셋째, 자신만의 스타일을 가져라.

넷째, 달변보다는 진실한 한 마디가 훨씬 감동적이다.

다섯째, 솔직함이 깃들인 화법은 즐거움을 준다.

여섯째, 상대방의 눈높이에 맞추어 이야기하라.

일곱째, 눈을 맞추고 이야기하면 설득력이 배가된다.

여덟째, 옷차림과 말은 곧 하나다.

아홉째, 쉽게 말한다.

한 부장은 마음속으로 자기 최면을 걸었다. 최면이 효과가 있었는지 초반의 어색함은 시간이 흐르면서 서서히 풀리고 원래의 페이스로 돌아왔다. 스피치의 4대 원칙은 '말의 강약과 속도', '말의 간격', '감정이 깃들인

말' 그리고 '변화 있는 목소리' 라고 했다.

한 부장은 여유 있게 말의 강약과 속도를 조절해가며 변화 있게 설명회를 이끌어나갔다. 특히 업무 부문을 설명할 때는 본인이 전 직장에서 경험한 것을 바탕으로 고객이 쉽게 이해할 수 있도록 설명하니 고객들의 반응이 매우 좋았다.

어느덧 제한시간 40분 중 35분이 지났다. 프레젠테이션의 기본은 상대의 자존심을 만족시키는 데 있다. "내가 하겠습니다"라고 열의를 보이는 것보다는 "저희에게 기회를 주십시오"라고 겸손하게 말하는 것이 상대의 자존심에 호소하여 성공할 가능성이 높기 때문이다.

한 부장은 마지막 부분을 절묘하게 마무리지은 후 질의응답을 받았다. 업무에 관한 질문에 대해서는 한 부장이 답을 했고, 기술 부문은 배석한 전문가들이 답변을 했다. 발표자인 한 부장이나 배석한 제안팀 모두 완벽하게 설명하고 대회의실을 나왔다.

한 부장 일행이 대회의실을 나오자마자 다음 발표자인 경쟁사 직원들이 준비를 위해 우르르 들어갔다. 한 부장 일행은 고객사의 건물 밖으로 나왔다.

일부 직원은 그동안 참았던 담배를 피우기도 했다. 이 팀장이 한 부장에게 다가왔다.

"사업부장님, 정말 수고 많으셨습니다. 만약 수주를 하게 되면 전적으로 한 부장님 덕분입니다."

긴장했던 탓인지 한 부장의 상의 내의는 땀으로 흠뻑 젖어 있었다.

"아니야, 모두 열심히 한 결과지. 옛말에 '진인사 대천명(盡人事 待天命)'이라고 하지 않았나. 우리가 할 일은 다 했으니 이제는 하늘의 뜻만을 기다리자고. 수고했어, 오늘은 일찍 들어가 쉬라고."

한 부장은 직원들을 집으로 돌려보내고 본인은 사무실로 향했다. 사무실로 돌아가는 차 안에서 오늘 설명회는 만족할 만한 수준이라고 스스로 평가했다.

설명회를 주도하면서 그때그때 오는 고객의 반응을 피부로 느끼고 어느 정도 자신감을 가졌다. 고객의 용어로 대화하는 것이 얼마나 중요한지 새삼 깨달았다.

아무리 좋은 내용이라도 고객이 알아듣지 못하면 허사이다. 고객과 의사소통이 되어야 상품을 사든지 말든지 할 것이 아닌가. 한 부장은 중국의 학자인 한비자의 말이 떠올랐다.

'남을 설득하는 것은 어려운 일이다. 여기서 어려움은 내가 알고 있는 것을 상대에게 납득시킬 수 있는가 하는 어려움도 아니고, 거리낌 없는 언변으로 내 뜻을 분명하게 전달할 수 있는가 하는 어려움도 아니다. 설득의 어려움은 바로 설득하려는 상대의 마음을 헤아려 나의 언변으로 그 마음에

맞출 수 있는가 하는 데 있다.'

비지니스 세계는 하루하루가 설득의 연속이다. 설득이란 이해 관계자와의 문제를 해결하는 것이다. 인간관계는 설득과 납득이 잘 균형을 잡을 때 이루어진다.

◀))) 격언 한 마디

아는 것만으로 충분하지 않다. 적용해야만 한다. 자발적인 의지만으로는 충분치 않다. 실행해야만 한다.

Knowing is not enough, we must apply. Willing is not enough, we must do.

요한 볼프강 괴테

CHAPTER 3

조 차장이 창업에 실패한 이유

오늘도 춘식은 출근길에 차 안에서 아침밥 대신 가져온 간식을 먹으며 뉴스를 들었다. 사무실에 들어서면 제일 먼저 컴퓨터를 켜고, 동료들과 차를 마시며 환담을 나누었다. 아침마다 반복되는 그들의 이야기가 지루해 자리로 돌아와 인터넷을 접속하고, 이어 지난주에 산 주식이 올랐나 확인하고 메일을 체크했다. 매일 반복되는 일상이다.

조춘식은 마흔에 들어서면서 가정과 삶이 어느 정도 안정되어가는 것 같다. 쉬지 않고 달려온 덕분이다. 오늘은 모처럼 일찍 귀가했는데, 아내의 놀라는 표정이 좋아하는 건지 싫어하는 건지 분간되지 않았다. 오랜만에 집에서 맛있고 풍족한 저녁식사를 하고 나니 나른함이 밀려왔다. 소파에 늘어지게 누워서 스포츠 중계방송을 보려 했다. 그러나 드라마 보는 재미에 흠뻑 빠진 아내에게 떠밀리듯 방으로 들어왔다. 하릴없이 신문을 뒤적이다 생각에 잠겼다.

'나는 얼마나 열심히 살았나?'

춘식은 언제부턴가 직장생활에 대한 회의가 부쩍 늘었다. 점점 퇴사해야 한다는 마음이 생기기 시작했다. 물론 친구 명철의 꼬임도 무시할 수 없었다.

"이게 뭔가?"

한 부장은 조춘식 차장이 내민 봉투를 보고 물었다.

"죄송합니다. 사직서입니다."

평소에 조용히 자기 할 일을 하는 성실한 사람이라 한 부장은 더 이상 묻지 않았다. 조 차장은 동기들보다 진급이 조금 늦은 편이다. 그렇다고 많이 처진 것은 아니다. 업무에서도 성실해 주위 동료들에게도 환영받는 인재이다.

하지만 조 차장은 지난 10년 동안 자신이 걸어온 길에서 앞으로 어디까지 올라갈 수 있는지를 이미 알고 있다. 조 차장은 최소한 20년을 내다보고 경력 지도를 그려보았다. 지금은 주위의 박수를 받지만 언젠가는 떠나야만 한다. 꼭 박수를 받을 때 떠나야 하는 것은 아니지만, 적어도 박수가 언제까지나 계속될 수는 없다고 생각했다. 그 고민의 시점이 지금이라고 생각한 것이다. 전직을 염두에 두고 있다면 전문성을 쌓으면서 자신의 가치와 브랜드를 키우는 데 주력하되, 적절한 시점에서 과감하게 이직의 기회를 잡아야 하기 때문이다.

"아니! 뭐라고요? 사표를 내요?"

아내는 자다 말고 깜짝 놀라 침대에서 벌떡 일어났다.

"그래, 오늘 냈어."

춘식은 사실을 밝히고 나니 속이 후련했다. 어차피 한 번은 겪어야 할 일이니까.

춘식이 회사를 창업을 한 지도 이제 3년 정도 되었다. 춘식은 3년 전, 전국이 벤처 열풍에 휩싸여 있을 때 고교 동창들과 과감한 도전, 아니 도발을 실행했다. 고교 동창인 명철이 그 즈음에 창업을 제안해왔다. 그렇지 않아도 직장생활이 지겹고, 주위에서는 창업 열풍에 휩싸여 상대적 열등감을 느끼고 있었던 차였다. 회사 앞 포장마차에서 춘식과 명철은 소주잔을 기울이며 이야기했다.

"요즘은 똑똑한 놈 셋이면 회사를 만들 수 있어. 너하고 나 그리고 한 명만 더 모이면 된다니까."

명철은 춘식을 꼬드겼다.

"아니, 회사 만드는 일이 무슨 애들 장난이냐? 자금은 어떻게 하고?"

"회사를 만들면 벤처 창업 자금을 얻을 수 있고, 설사 안 되도 일반 투자자들이 묻지마 투자를 해준다니까. 회사만 만들면 돼."

명철은 아주 쉽게 대답했다. 하기야 최근에 너도 나도 벤처 투자에 온 나라가 정신이 없는 것은 사실이다. 망설이던 춘식은 조금씩 마음이 동했다.

"내가 자금도 알아볼 테니까, 너는 회사 관리만 맡으면 돼."

이리저리 여러 생각을 하다가 결국 석 달 뒤 춘식은 진일전자에 사표를 내고 창업하기로 결심했다. 이런 춘식을 두고 동료들은 한편으로는 부러워하기도 하고 또 한편으로는 잘할 수 있을까 하는 우려감도 가졌다. 결국 춘식은 명철과 그리고 명철의 대학 후배와 함께 '스타시큐(Starsecu)'라는 컴퓨터 보안 회사를 설립하고, 벤처의 본거지인 테헤란로에 사무실을 차렸다.

스타시큐는 컴퓨터 보안 관련 기술회사로 명철과 명철 후배가 대기업에 근무할 때 익혀온 기술을 바탕으로 독립한 것이다. 물론 창업은 절대 호락호락한 것이 아니었다. 남들이 겪는 것처럼 어려움이 많았다. 그래도 창업 때 끌어모은 돈으로 1년여 만에 제품을 개발해 순조롭게 출발했다. 일단 초창기의 난관을 극복하고 나니 큰 어려움 없이 남부러울 만큼 매출액과 이익을 올릴 수가 있었다. 창업 초보자치고는 성공한 셈이다.

그래서 자신을 가진 춘식은 벤처 투자회사들의 20배, 30배의 러브콜을 외면했다. 심지어 외국계 투자회사들은 50배, 100배까지 제안을 했지만 배짱을 튕겼다. 남의 도움 없이 스스로 회사를 키우겠다는 포부로 일에 매진했다.

그러나 비즈니스 세계에서는 항상 좋은 일만 있을 수는 없는 법이다. 잘나가던 벤처 시장의 거품이 꺼지자 순풍에 돛을 단 듯이 잘나가던 스타시큐도 하루아침에 상황이 역전되었다. 지금은 2배, 3배의 투자를 유치하기가 하늘의 별따기이다. 인터넷 비즈니스 세계의 변화는 빨라도 너무 빨랐다. 춘식은 처음 당하는 자금 압박에 갑자기 캄캄한 터널을 지나는 심정이 되었다.

요즈음 닷컴 열풍이 지나간 뒤 테헤란 밸리에는 초심으로 돌아가자는 자성의 목소리가 일고 있었다. 사무실에 야전 침낭을 펴놓고 열띤 토론과 업무로 밤을 지새우던 초기의 창업 정신으로 돌아가자는 반성의 소리가 높았다. 춘식도 반성하면서 결의를 다졌다.

"연일 주가가 하락세를 보이는 가운데, 테헤란 밸리의 풍경은 한마디로 거품 빠진 사이다라 할 수 있습니다. 진XX 게이트, 이XX 게이트, 윤XX 게이트 등 정치인, 공무원, 언론기관 할 것 없이 부패의 사슬을 이루고 있습니다. 판다21의 사장은 주식으로 많은 사람들을 매수해 하루아침에 사기꾼에서 영웅으로 변신했습니다. 벤처업계 종사자뿐 아니라 정치인, 신문사 등 모든 이들이 뼈를 깎는 각성을 해야 할 때입니다."

춘식은 잠에서 깨어나자마자 습관적으로 TV를 켜고 그날의 첫 뉴스를 듣는다.

'아침부터 재수 없는 뉴스네. 거품 빠진 사이다라구? 그럼 벤처기업이 끝장났다는 말이야?'

무늬뿐인 벤처와 진정한 벤처 기업의 차이를 잘 아는 춘식은 요즘 언론의 보도가 무척이나 못마땅하다. 살인적인 업무량으로 인해 밤낮 없이 일을 해온 그에게, 일에 대한 열정과 애정으로 하루하루 버텨온 그에게 일부 벤처의 겉모습만 보고 거품 빠진 사이다라고 이야기하는 것은 일종의 모욕이었다.

'우리가 살 길은 벤처뿐이고 신경제의 성장 엔진이 곧 벤처라고 국가적으로 밀어줄 때는 언제고, 의욕이 불타는 젊은이들에게 황금의 엘도라도를 찾아 떠나라고 외치던 게 누구인데? 쳇, 벤처가 벌써 화석이 됐나? 아니야. 그건 아니야. 벤처는 죽지 않아. 다만 재편될 뿐이야.'

춘식은 흥분을 누그러뜨리려 애쓰며 혼자 중얼거렸다. 뉴스 말미에 내일 비가 온다고 한다.

"가뭄으로 어려움을 겪고 있는 농촌에 반가운 소식입니다. 오늘은 게릴라성 폭우가 예상됩니다. 출근하실 때 우산을 챙기시기 바랍니다."

한동안 가뭄이 계속돼 대지는 거북이 등껍질처럼 메말랐다. 벤처 기업들이 밀집해 있는 테헤란 밸리도 사람이 살지 않는 사막 같았다. 요즘 춘식은 가도 가도 끝이 없는 사막에 떨어지는 꿈을 자주 꾼다. 꿈속에서 그는 건조한 사막의 모래 바람 한가운데에서 한치 앞도 보이지 않아 그냥 주저앉고 싶은 생각뿐이다.

'단비가 온다고? 나에게도 단비가 내리면 좋으련만.'

춘식은 착잡한 심경으로 담배를 꺼내 물며 생각에 잠겼다. 그는 요즘 자괴감에 빠져 있다. 연초부터 기업의 생사를 걸고 극비리에 추진해온 빅딜이 자신의 욕심 때문에 무참히 깨져버린 것이다. 얼마 전까지도 인터넷 최대 포털업체인 〈넥스트〉와 합병하여 국내 최대의 기업을 만들겠다는 꿈에 밤잠을 설쳤던 그이다. 하지만 두 회사는 처음의 뜻과 달리 원칙과 합의가 자주 어긋나 결국 합병이 무산되었다.

'무엇이 문제였을까? 국내 최대의 기업을 만들어 세계 최대의 기업으로 키우자던 청사진이 잘못된 것일까? 아니야, 우린 서로 다른 꿈과 다른 계산기를 두드리고 있던 거야. 처음부터 너무 쉽게 일이 잘 풀린다 했어. 무리한 욕심이 화근이었던 거야.'

춘식은 며칠 전부터 자책감에 잠을 제대로 이룰 수 없었다. 최고경영자가 내리는 결정이 기업에게 어떤 영향을 미치는지 뼈저리게 느끼고 있는 중이다. 그 선택의 갈림길에서 기업의 운명이 갈라지기 때문이다.

'이제 결단의 순간이 다가온 거야. 과연 무엇이 옳은 선택인가?'

퇴근 무렵에 춘식은 창밖을 내다보고 있었다. 한바탕 광풍이 지나간 것과 같은 기분이다. 이제 춘식의 공간은 한 평 남짓 크기의 칸막이 책상이 전부다. 한때 사장실이라고 고급 응접실 세트까지 갖춰놓기도 했으나 이번 구조조정 때 없애버렸다. 그리고 개발팀과 수시로 원활한 회의를 하라고 개발이사 자리에 회의실을 만들어주었다.

춘식은 지난 1년간 숨 막혔던 시간들을 되돌아봤다. 인터넷이라는 닷컴 정글에서 춘식이 속해 있는 보안업체는 마치 정글 속 고릴라 집단 같았다. 그리고 스타시큐는 고릴라 집단에 있는 어린 타잔처럼 가냘픈 존재에 지나지 않았다.

"오늘 스타시큐는 청산 절차를 밟기로 했습니다."

퇴근하기 전에 춘식은 전 직원을 모아놓고 최후 통보를 했다. 직원들 사이에서 훌쩍이는 소리가 났다. 그동안 신제품 개발에 밤낮을 가리지 않고 몸을 바친 직원들이 서러움을 못 이겨 흐느꼈다.

"비록 우리 스타시큐는 문을 닫지만 여러분 모두는 제일시스템의 보안팀으로 흡수됩니다. 그동안 수고해주신 여러분께 진심으로 고맙다는 말밖에 할 말이 없습니다."

춘식은 울먹이며 말을 끝냈다. 춘식의 아름다운 도전은 3년 만에 끝나고 말았다.

회사를 이끌어가는 경영자가 할 일은 두 가지이다. 하나는 직원들에게 얼마나 큰 감동을 줄 수 있느냐 하는 것이고, 또 하나는 스스로 느껴서 일하는 문화를 만드는 것이다. 춘식은 이 두 가지 모두 이루지 못했다. 하지만 춘식은 후회는 없었다. 인생에서 아주 중요한 경험을 했기 때문이다. 적어도 실패는 시작하지 않는 것보다는 훨씬 큰 결과를 남긴다.

모든 직장인이 창업한다고 해서 모두 성공하는 것은 아니다. 성공하는 확률보다는 도리어 실패의 확률이 더 높다. 처음 생각대로 되지 않는 것이 사업이다. 그래서 자금도 최소한 3배 이상 필요하게 되고, 노력도 예상보다 3배가 더 든다. 뿐만 아니라 시간도 3배 이상 더 걸린다. 손익분기점까지 걸리는 시간이 당초 예상보다 3배 이상 걸리는 것이 현실이다.

이러한 모든 난관을 헤치고 나야만 비로소 회사가 안정되고 성공할 수 있다. 창업 후 3년이 고비이고, 5년이 넘으면 성공한 것이라는 말이 있다. 눈에 보이는 꿈과 비전은 빙산에 노출된 1/9 부분에 지나지 않는다. 그 밑에 숨겨진 8/9은 수많은 시행착오와 고난 그리고 인내로 이루어진 것이다. 그렇지만 중요한 것은 일단 해보지 않고는 당신이 무엇을 해낼 수 있는지

조차 알 수 없다는 사실이다. 비록 실패할지라도 창업은 한번 도전해볼 만한 일이다.

무언가 성취하기 위해 노력하다가 실패하는 사람이 아무것도 하지 않고 성공하는 사람보다 훨씬 훌륭하다.

The men who try to do something and fail are infinitely better than those who do nothing and succeed.

로이드 존스

CHAPTER 4

행운은 신중하게,
불행은 인내로 받아들여라

'나 자신의 건강이나 즐거움을 위해선 단 한 푼의 돈이나 1초의 시간도 쓴 적 없이 오로지 가족과 직장을 위해 살아왔다고 자부했는데…….'

오늘도 어김없이 새로운 하루가 찾아왔다. 춘식은 아침이 두려워졌다. 아니, 눈을 뜨고 싶지 않았다. 하루아침에 백수가 된 춘식은 심한 자괴감에 빠져 있었다. 예전과 같이 남들처럼 바쁜 아침을 보내고 싶지만 그럴 수가 없다.

백수의 하루는 뻔했다. 처음에는 취직 자리를 구하기 위해 여기저기 수소문하면서 하루하루를 보냈다. 그러기를 한 달, 그 후로는 하릴없이 동네를 걷거나 인터넷으로 시간을 보냈다. 점심 때가 되면 전자레인지에 밥과 국을 데우고 밑반찬을 꺼내 먹다가 문득 '홀로 사시는 노모가 나의 이런

꼴을 보면 얼마나 안쓰러워할까' 하는 생각에 눈물이 핑 돈다.

현직에 있는 친구들을 만나도 답답하기는 마찬가지이다. 기러기 아빠 생활을 하다 이혼한 친구의 고충을 듣는 것도 지겹고, 겉보기에 멀쩡한 친구들이 늘어놓는 '그동안 뭘 위해 뛰어왔는지 모르겠다' 는 자조 섞인 푸념을 듣는 것도 지겹다.

"여보, 이참에 여행이나 한 일주일 다녀오지 그래요? 그동안 일하느라고 제대로 쉬지도 못했는데."

아내는 방황하는 춘식을 위로하기 위해 여행을 권했다.

"아니야, 금방 취직될 거야. 그냥 집에서 기다리면서 며칠 쉬면 돼."

춘식은 큰소리는 쳤지만 마음 한편으로는 언제 다시 취직이 될지 조바심이 났다. 게다가 넉넉하지 못한 생활비 걱정에 선뜻 여행을 나서기도 아내에게 미안했다.

'돈이란 섹스와 같다. 못 가지면 그것만 생각하고, 막상 갖게 되면 다른 것을 생각하게 된다' 는 말이 있듯이 시간 역시 마찬가지이다. 정작 필요할 때는 구하기가 어렵지만 필요가 없을 때는 넘치는 것이 시간이다. 평상시에는 항상 시간에 쫓기면서 살아왔기 때문에 시간이 조금만 더 있었으면 하는 생각밖에 없었는데, 이제 그 시간이 넘칠 만큼 많아졌어도 시간에 더 쫓기고 있다.

대부분의 사람들은 휴가 때가 되면 오로지 자기 자신만을 위해 뭔가를 하리라 마음먹는다. '오늘 저녁에는 편안하게 쉬어야지' 하고 생각하기도 한다. 하지만 막상 휴가가 되고 저녁이 되어도 전혀 자유롭지 않다는 것을 알게 된다. 춘식은 막상 여행을 할 수 있는 시간이 생겼지만 떠날 용기가 나질 않았다. 현실이 너무 절박했기 때문이다.

"오늘 자고 올 거예요?"

"글쎄, 가급적이면 오늘 돌아오도록 할께. 그래도 혹시 모르니까 간단한 속옷과 세면도구도 챙겨 갈께."

춘식은 드디어 그동안 차일피일하며 미뤘던 여행을 가기로 결정했다. 춘식이 직접 가방을 꾸렸다. 예전에도 출장 가방은 항상 춘식이 직접 챙겼다. 물론 간단한 내의는 아내가 챙겨주지만, 춘식만의 여행 가방 꾸리기 방식이 있기 때문이다.

진일전자에 있을 때도 업무 출장이 대부분 2박3일 일정이라 옷가지는 별로 챙길 것이 없고 도리어 다른 것들이 더 많았다. 자투리 시간을 이용해 처리해야 할 것들이다. 챙겨야 할 목록 제1호는 노트북이다. 이동할 때마다 각종 문서를 정리하고, 현지에 도착해서는 바로 인터넷으로 접속해 업무를 보기 위함이다. 해외 출장을 갈 때에는 외장형 하드 드라이브에 영화를 다운로드 받아 비행기 안에서 본다.

두 번째는 책이다. 항상 두 권을 챙겨 갈 때와 올 때 한 권씩 읽었다. 한 권은 문학 서적이고 다른 한 권은 경영 관련 서적을 택했다. 하지만 이번 여행은 업무 출장이 아니고 복잡해진 머리를 식히려 가는 여행이라서 특별히 챙길 것이 없었다. 그저 옷과 세면도구가 전부였다.

남들은 이런 기회를 이용해 해외로 여행을 떠난다고도 하는데, 사실 오늘 춘식이 가기로 한 곳은 여행이라기보다는 두 해 동안 찾아뵙지 못했던 아버님 산소에 성묘를 가는 것이다. 작년 추석에도 회사 일이 바빠서 아버님 산소를 들르지 못했다.

"여보, 갔다 올게, 기다리지 마."

"편안하게 다녀오세요. 시간에 구애받지 말고, 있고 싶을 때까지 있다가 오세요. 몸조심하시고요."

아내는 춘식의 윗옷 주머니 속에 무슨 종이 쪽지 한 장을 깊숙이 찔러넣고 배웅했다. 여느 때와 달리 코끝이 찡했다. 춘식은 아내의 얼굴을 보지 않으려고 서둘러 문을 열고 나갔다. 출근시간을 피하려고 새벽에 나섰더니 도로가 한산하다. 88도로를 타고 바로 고속도로를 달리니 어느새 천안 휴게소에 도착했다. 벌써 아침 해가 중천에 떠 있다. 잠시 휴식도 취할 할 겸 휴게소에서 국밥 한 그릇을 먹었다. 곧 차에 올라 다시 천안부터 쉬지 않고 달렸다

오전 10시경 고향 선산의 아버님 묘소에 도착했다. 아버님 산소는 추석에 형님이 다녀가서 단정하게 가꾸어져 있었다. 춘식은 준비해온 과일과 북어포를 석상에 차려놓고 절했다.

'아버님, 불효자 춘식이 왔습니다. 이 못난 아들을 용서하십시오.'

춘식은 갑자기 눈물이 쏟아졌다. 그동안 주위의 눈치도 있고 또 가족들에게 나약한 모습을 보이기 싫어 오래 참았던 눈물이다. 그간 서러웠던 감정이 복받쳤다. 평소에 약주를 좋아하시던 아버님을 위해 소주를 제주로

올리고 저승에서라도 마음껏 드시라고 산소 주위에 뿌렸다.

춘식은 성묘를 끝내고 가까운 변산 바다로 차를 몰았다. 변산 해수욕장은 춘식의 고향에서 약 1시간 거리여서 가끔 들르던 곳이다. 탁 트인 바다를 보면 답답한 가슴이 좀 트이지 않을까 생각하고 변산으로 향한 것이다. 한 여름에는 해수욕을 하는 피서객들로 발 디딜 틈도 없었던 변산 바다는 철 지난 해변가의 적막감만이 맴돌고 있었다. 춘식은 바다가 보이는 소나무 아래에 자리를 잡고 앉았다. 해지는 저녁노을을 보면서 춘식은 삶이 참 고단하다는 것을, 마흔의 인생이 참으로 만만치 않음을 느낀다.

'왜 나에게 이런 일이 일어나는 거야? 내가 무엇을 잘못했기에 이런 시련을 주는 거야?'

가슴에 품은 분노는 독이 되고 굽은 칼이 되어 휘두르면 휘두를수록 자신을 더 다치게 했다. 어느 정도 시간이 흐르면서 분노의 독이 가라앉았지만, 이제는 분노보다는 두려움이 앞선다. 춘식은 다시 시작할 엄두를 못 내고 있었다. 그 두려움을 피하려고 애를 쓰면 쓸수록 두려움은 더 커져만 갔다. 불현듯 중세 수도자인 발자크 그라시안의 말이 떠올랐다.

'좌절과 희망은 언제 어디서 나타날지 모른다. 언제나 한결같은 이성으로 무장해야 한다. 그리하여 행운은 신중하게 받아들이고, 불행은 인내로 받아들여야 한다.'

춘식은 자리를 털고 일어나 해변가로 내려갔다. 바닷가에는 끊임없이 파도가 밀려왔다 사라졌다. 춘식은 해변가를 걸으면서 그동안 지나온 삶을 되돌아보았다. 지금같이 어려운 시기에 진정으로 격려해주며 순수한 마음으로 지켜봐주는 사람은 오직 가족뿐이라는 것을 새삼 깨달았다. 그동안 가족의 소중함을 잊고 오로지 멸사봉공(滅私奉公)의 자세로 일에만 열중한 자신이 한없이 바보같이 느껴졌다. 춘식은 자신도 모르게 '정말 바보처럼 살았군요' 노래가사가 입에서 흘러나왔다

  '어느 날 난 낙엽 지는 소리에 갑자기 텅 빈 내 마음을 보았죠.
  그냥 덧없이 흘려버린 그런 세월을 느낀 거죠.
  저 떨어지는 낙엽처럼 그렇게 살아버린 내 인생은 예~
  난 참 바보처럼 살았군요. 난 참 예~
  난 참 바보처럼 살았군요. 바보처럼 바보처럼~ 우~'

춘식은 아무도 없는 해변가에서 한바탕 노래를 불렀다. 영락없는 자신의 모습을 그린 노래라고 생각하니 실없이 웃음이 나왔다. 그리곤 다시 마음을 굳게 먹었다

성공은 과거나 현재에 좌우되는 것이 아니라, 오늘 어떻게 준비를 하느냐에 따라 내일의 성공이 결정된다. 자신이 누구이며, 가치 있게 여기는 것이 무엇인지를 알아야 한다. 그래야 다람쥐 쳇바퀴처럼 쉬지 않고 돌아가는 상태에서 '정지' 버튼을 누를 수 있다. 그리고 지금 하는 일보다 나 자신이 중요하다는 것을 상기시킬 필요가 있다. '해야 할 일'에 덜 집중하고, '되어야 할 일'에 좀 더 집중해야만 한다. 마지막 결단은 항상 춘식 자신의 몫이다.

그러고 보니 아침에 아내가 주머니에 넣은 쪽지가 생각났다. 연애편지인가? 주섬주섬 꺼내보니 다음과 같은 메모가 적혀 있었다.

- 과거는 미래가 아니다.
- 실패가 없다면 성공은 없다.
- 하늘이 미룬다고 해서 거절을 의미하는 것은 아니다.
- 모든 일이 일어나는 데는 그 목적이 있다.
- 중요한 것은 어떤 일이 발생했는가가 아니라 어떤 일을 해야 하는가 이다.
- 나는 나의 생명에 책임감을 가져야 한다.
- 어떤 일을 개선하고 싶다면 먼저 나 자신부터 바꿔야 한다.
- 내가 할 수 없는 일이라도 나는 반드시 해야 한다. 꼭 해내야 할 일이라면 반드시 해낼 수 있다.
- 성공하는 사람은 절대 포기하지 않는다. 하지만 포기하는 사람은 절대로 성공할 수 없다.

아내는 어디서 스크랩해왔는지 '자기격려의 신조'라는 제목으로 좋은 글들을 적어둔 것이다. 춘식에게 희망과 용기를 주고 싶었나 보다. 속이 깊은 아내가 마냥 고마웠다. 춘식은 해변가 바위에 걸터앉아 해지는 낙조를 넋을 잃고 바라보았다. 이런 생각 저런 생각에 시간 가는 것도 잊었다. 정신을 차리고 보니 어느새 사방이 어두워졌다. 바닷가의 밤은 순식간에 찾아온다. 미처 숙소를 정하지 못했는데 해가 저물자 그냥 곧바로 집으로 돌아가는 게 낫겠다 싶었다. 초행길인데다가 지방도로인 터라 길이 낯설고 어두워서 고속도로까지 가는 데도 시간이 많이 걸렸다.

두 시간 정도 헤매다 보니 고속도로 입구 안내 표지판이 나왔다. 안내판을 따라 고속도로에 오르니 마치 집에 다 온 것 같은 안도감이 들었다. 그제서야 춘식의 마음도 뭔가 제 길을 찾은 듯했다. 뭔가 희미하지만 안내판을 본 것이다. 돌아오는 차 안에서 춘식은 다짐했다.

'그래, 포기할 것은 빨리 포기하고 다시 새로운 것을 향해 새출발하자. 인생은 어떤 의미에서 포기의 연속이며 마지막 순간에 모든 것을 버리고 가기 위한 연습이라고 했어. 나는 실패하기 위해 이 세상에 태어난 것이 아니야. 실패는 성공의 디딤돌이지만 좌절은 인생을 망치는 악이야. 나에게 시련은 있을지라도 절대로 좌절은 없어.'

춘식은 운전대를 꼭 쥐면서 다짐하고 또 다짐했다. 여행이란 일상으로부터의 탈출이다. 그래서 인생에서 어떤 전환점이 필요할 때는 여행을 떠나는 것이 좋다. 비록 짧은 여행을 다녀왔지만 춘식은 스스로를 진솔하게 되돌아볼 수 있었다.

––––––––––––––––––––––––––––––––

⁂▶ 격언 한 마디

쓰러지느냐 쓰러지지 않느냐가 중요한 것이 아니라, 쓰러졌을 때 다시 일어서는 것이 중요하다.

It's not whether you get knocked down. it's whether you get back up.

빈스 롬바르디

CHAPTER 5

'그래, 다시 시작하는 거야'

"따르릉!"

전화벨이 울렸다. 춘식이 불량주부가 된 지 벌써 석 달이나 지났다. 춘식은 오늘도 불량주부로서의 아침 일과를 마치고 커피를 마시며 잠시 숨을 돌리고 있었다.

"여보세요?"

"조 차장? 나 한상복이오."

진일전자의 상사인 한상복 부장의 전화였다.

"예, 한 부장님, 잘 계시지요? 그런데 어쩐 일로 전화를……."

조춘식은 예전 호칭으로 한상복을 한 부장님이라고 불렀다. 춘식은 업무 처리가 칼 같고 매사에 딱 부러진 성격의 소유자인 한상복 부장이 용건

없이 전화한 것 같지는 않은 예감이 들었다.

"조 차장, 시간 좀 있으시오? 나하고 차나 한 잔 합시다."

"네, 아무 때나 괜찮습니다."

백수 주제에 별도로 시간을 낼 필요가 없는 처지라 춘식은 흔쾌히 승낙을 했다.

"그러면 오늘 오후 3시 강남 R호텔 커피숍에서 만나지. 이따 봅시다."

춘식은 갑자기 마음이 설레기 시작했다. 거의 석 달 동안 계속된 백수 생활에 지겹기도 했는데 오늘은 모처럼의 외출이라 오랜만에 양복에 넥타이까지 맸다. 춘식은 약속시간보다 30분 먼저 커피숍에 나가 기다렸다. 호텔 로비에 바쁘게 오가는 사람들을 보니 한때 해외 출장 다닐 때의 자신의 모습이 떠올랐다.

'음, 나도 한때는 저 사람들처럼 바쁘게 일했는데……'

호텔을 드나드는 사람들을 보면서 잠시 옛 생각에 젖었다.

오후 3시 5분 전.

"오래 기다렸나?"

약속 시간에 맞춰 정확하게 도착한 한 부장은 의례적으로 물었다.

"아닙니다. 저도 조금 전에 왔습니다."

"그래, 요즈음 어찌 지내나?"

"뭐, 여기저기 알아보면서 그냥 쉬고 있습니다."

춘식은 고개를 숙이며 풀이 죽은 목소리로 대답했다.

"오늘 내가 자네를 보자고 한 것은 나하고 일해볼 생각이 없나 해서 일

세.”

“일이라니요?”

“음, 사실은 내가 조그만 컨설팅 회사를 차리려고 하는데 같이 일할 사람이 없잖아. 그래서 예전 멤버들과 의논을 했더니 조 차장이 필요하다고 해서 이렇게 왔네.”

지금 춘식은 지푸라기라도 잡고 싶은 심정인데 일자리를 준다니 얼마나 고마운지 눈물이 핑 돌 지경이었다.

“제가 힘이 된다면 무슨 일이든 열심히 하겠습니다.”

한 부장은 명함을 꺼내 춘식에게 주었다. ‘블루레이크 컨설팅(Bluelake Consulting) 대표이사 한상복’이라는 이름 아래 주소와 전화번호가 적혀 있었다.

“고맙네, 그러면 내일부터 당장 나오도록 하게. 사무실은 강남에 작은 오피스텔을 하나 얻었네. 조금 비좁지만 그래도 있을 만은 하네. 아마 다들 아는 사람들일 테니 서먹할 것도 없을 테고. 참, 보수는 예전처럼 넉넉하게 줄 수는 없네. 알다시피 적은 자본으로 처음 시작하는 것이라 조금씩 아껴 써야 하니까, 괜찮겠나?”

몇 마디 나누지 않았지만 한 부장은 할 말을 함축적으로 다 했고, 춘식도 동의를 했다.

“그럼, 내일 사무실에서 봅시다.”

한 부장은 커피를 남긴 채 다음 약속이 있어 먼저 떠난다며 악수를 하고 헤어졌다. 춘식과 한 부장의 미팅은 불과 15분밖에 걸리지 않았다. 춘식은 마치 뭔가에 홀린 듯한 기분에 한동안 자리에 그대로 앉아 있었다. 자신이 다시 일을 하게 된 사실이 믿기지 않았다. 근 석 달 동안 그렇게 많은 이력서를 보내고 전화를 해도 안 되던 취직이 이렇게 쉽게 되다니, 정말로 믿기지 않았다. 춘식은 집으로 가는 길에 시장을 보기로 했다.

'오늘은 특별한 메뉴를 만들어야지.'

춘식은 모처럼 가족들에게 특별 메뉴를 선물하기 위해서 즐거운 마음으로 슈퍼마켓에 갔다. 초보 주부 시절에는 슈퍼마켓에 물건이 어디 있는지를 몰라 매장 안을 뱅뱅 돌기도 했다. 또 집에 오면 반드시 한두 가지는 빠뜨려 다시 가곤 했다. 하지만 지금은 어느 가게가 더 싸고, 어느 물건은 어디에서만 팔고 하는 모든 생활 정보를 거의 꿰고 있다. 슈퍼마켓의 할인 품목만 골라 사기도 하고 할인쿠폰도 모아서 활용할 줄도 알게 되었다.

또한 춘식은 시식 코너에서 아무런 거리낌 없이 먹어보고 살 정도로 주부로서 이력도 붙었다. 백수 석 달에 완전히 〈주부 퀴즈 왕〉의 주연배우인 한석규는 저리 가라 할 정도로 불량주부가 다 되었다.

오늘 저녁 특별 메뉴는 바로 생태찌개이다. 이 저녁이 백수 졸업 만찬일 수도 있다는 기대감에 그간 쌓아온 실력을 유감없이 발휘했다. 저녁을 준비하는데 직장에서 돌아온 아내가 뭔가 이상한 낌새를 알아차렸다.

"자기, 오늘 무슨 일 있었어?"

"왜, 뭐가 잘못됐어? 찌개 간이 안 맞아?"

"아니, 찌개 정말 잘 끓였네. 근데 당신 뭔가 이상해."

"이 여자가 남편이 밥상까지 차려주니까 아주 기가 살아서 못 봐주겠

네."

방귀 뀐 놈이 성낸다고 미리 기선을 제압해야 들통이 나지 않기 때문에 춘식은 부러 거짓 성질을 냈다.

"아빠, 이게 정말로 아빠가 끓인 거예요? 진짜 식당에서 먹는 것보다 더 맛있어요."

아들은 서먹한 분위기를 누그러뜨리려고 아빠의 요리 솜씨를 칭찬했다. 밥을 다 먹고 설거지 하는 아내는 내내 뭔가 수상해하는 눈치이다.

'그래, 내일까지만 참자!'

춘식은 다시 한 번 더 다짐을 하고는 일찍 잠자리에 들었다.

다음날 아침,

"나, 오늘 일 있어 먼저 나간다."

춘식은 아침 일찍 서둘러 양복을 차려 입고는 냉큼 집을 나섰다. 아내는 그동안 남편의 오전 외출이 없었던 터라 더 궁금한 눈치지만, 춘식은 모른 척하고 나와버렸다. 오늘 가보고 나서 아내에게 이야기해줄 생각이었다. 처음 직장에 가는 것도 아닌데 춘식은 오늘 발걸음이 가볍고 콧노래가 절로 나왔다.

오랜만에 아침 출근 전쟁에 동참하게 된 것은 큰 기쁨이었다. 강남으로 가는 지하철은 '지옥철'이라고 부를 정도로 혼잡했지만 춘식에게는 '행복철'이었다. 전에는 부딪히는 사람들의 몸과 체취가 역겨웠으나 오늘 아침에는 마치 향수처럼 향기로웠다.

'이게 사람 사는 냄새야.'

지하철이 강남역에 도착하고 문이 열리자마자 마치 음식물을 토해내듯이 사람들이 쏟아져 나왔다. 개찰구를 나와 명함에 있는 오피스텔을 찾아갔다. 강남의 테헤란로에서 한 블록 안으로 들어간 곳에 있는 15층짜리 아담한 오피스텔 건물이었다. 엘리베이터 역시 출근하는 사람으로 만원이었다. 7층에 내려 707호의 문을 열고 들어서니 반가운 사람들이 보였다. 한 부장의 비서였던 최경미 양이 반갑게 맞았다.

"조 차장님, 오랜만이네요. 사장님께서 오신다고 하셔서 기다렸습니다."

사무실 안에서 정 주임과 최 대리가 나오면서 인사를 했다. 최경미는 두 달 전 한 부장이 오피스텔을 얻자마자 근무를 시작했고, 정 주임과 최 대리는 한 달 전부터 출근했다고 한다. 춘식은 먼저 합류한 동료들에게 그간의 내막을 전해 들었다. 그동안의 사정에 대해 최 경미가 먼저 이야기를 시작했다.

"회사의 자금 사정이 악화되자 경영회의에서 연일 비상대책을 논의했어요. 고급 인력 중심의 컨설팅 사업부를 계속할 것인가가 초점이 되었답니다. 컨설팅 사업의 책임자인 한 부장님은 앞으로 1년만 더 버티면 된다고 항변했지만 회사의 사정이 그럴 처지가 못 된다고 하더라고요. 그동안 닦아 놓은 거래처와 투자한 돈이 아까워 처음에는 분사를 시키려고도 했지만, 분사에 필요한 자금마저도 어려워 결국 정리하는 쪽으로 가닥을 잡았다고 하더군요. 그래서 한 부장님과 함께 저희도 퇴사를 했죠."

"어, 그랬구나."

춘식은 전혀 몰랐던 일이었다. 회사를 그만두고 창업에 매진하느라 최근 진일전자의 사정을 전혀 몰랐다. 다음은 정 주임이 이야기를 이어갔다.

"한 부장님이 제일 신경 쓴 것은 창업 자금이었는데, 처음에는 자금 조달이 쉬울 줄 알았어요. 그런데 막상 회사를 그만두고 나니 마음먹은 대로 잘 되지 않았답니다. 최초 출자금으로 자신의 퇴직금 1억 원과 집을 은행에 잡혀 1억 원을 마련해 바로 오피스텔을 얻었지요. 그때 비서였던 최경미 씨를 불러들였고요. 그리고 나서 추가 자금을 구하기 위해 여기 저기 뛰어다니셨답니다.

평소에 철석같이 믿었던 사람들을 찾아가 사업 설명을 하고 투자를 요청했더니 모두들 등을 돌렸다고 하더군요. 현직에 있을 때는 한 부장님에게 간까지 빼줄 듯이 친했던 사람들이 막상 자리에서 떠나니 심지어는 만나주지도 않는 사람들도 있었다고 하네요. 그때 한 부장님은 냉혹한 비즈니스 세계를 다시 한 번 뼈저리게 느꼈다고 하시더라고요."

이번에는 최 대리가 계속해서 창업 과정에서의 자금 조달 과정에 대해 설명했다.

"중소기업 창업 자금을 받으려 했으나 특허와 같은 특별한 기술이 아니고는 자금 얻기가 하늘의 별따기랍니다. 하는 수 없이 친지들을 찾아다니면서 부탁할 수밖에 없었고, 그래도 다행히 평소 한 부장님의 인품을 잘 아는 초등학교 동창이 흔쾌히 1억 원을 투자하셨답니다. 하지만 당초 목표로 했던 5억 원에는 조금 부족한 상태였지요.

사업 계획서만으로 돈을 구할 수 있는 곳은 벤처 창업 투자회사밖에 없었는데 그마저도 지난 번 IT 벤처 거품 이후 돈줄이 막혀버렸지요. 여기 저기 수소문해서 간신히 컨설팅 사업에 관심을 가진 창투사와 상담을 시작했다고 해요. 마침 그 회사에 한 부장님의 대학 후배가 책임자로 있어서 그 후배의 도움으로 간신히 1억 원을 투자 받아 4억 원을 마련할 수가 있었다고 하네요. 비록 자금이 당초 목표인 5억 원에는 부족하지만 더 이상 시간을 지체할 수 없어 본격적으로 사업에 착수하신 거예요."

이런 한 부장의 헌신적인 노력에 보답하는 차원에서 진일전자에서도 컨설팅 업무를 하청주기로 하였다. 처음에는 한 달이면 모든 준비가 끝날 줄 알았는데 무려 석 달이 넘게 걸렸다. 오늘이 바로 마지막 준비의 날이다. 조 차장이 합류함으로써 창업에 필요한 필수 요원이 다 모인 것이다. 한 부장은 조 차장이 마지막으로 합류해 다시 모였으니 단합 회식을 하기로 했다. 한 부장, 아니 한상복 사장이 말문을 열었다.

"여러분이 아시다시피, 우리는 어려운 환경에서 사업을 시작했습니다. 성공한다는 보장은 없지만 우리 모두가 기꺼이 모험을 하기로 했습니다. 적은 자본으로 시작한 터라 여러분들에게 보수를 충분히 드릴 수는 없습니다. 아마 진일전자의 급여의 2/3도 안 되는 수준일 것이지만, 우리에게는 미래가 있습니다. 1년 후 회사가 안정이 되면 저의 지분에서 10%를 여러분 창업 멤버에게 나누어 드리겠습니다."

모두들 비장한 마음으로 한 사장의 말을 듣고 있었다.

"성경 말씀대로 '비록 시작은 미미하나 그 끝은 창대하리라'는 마음으로 우리 모두 합심해서 이 회사를 이끌어갑시다."

한 사장은 결연한 의지로 힘주어 또박또박 말했다. 모처럼 만나서 그간 의 회포도 풀어야 하는데 시작이 너무 심각해 분위기가 가라앉아 있었다. 이런 분위기를 간파한 한 사장은 슬며시 농담을 꺼냈다.

"그런데 미스 최, 내년에 주식을 배분할 때 똑같이 주는 게 아니야. 간부 사원과 차등으로 줄 텐데 불만 없어요?"

"안되겠는데요, 공정거래위원회에 제소해야겠는데요. 공정하게 분배하 지 않는다고 말이죠. 그건 일종의 성차별이에요. 사장님!"

최경미가 입을 쌜쭉 내밀고 맞장구를 쳤다.

"아이고, 이거 큰일 났구먼, 내년에 악덕 경영자로 감옥 가게 생겼네. 그 래 좋아, 내가 감옥 가지. 회사가 잘된다면야 무엇을 못하겠나? 나중에 감 옥 가더라도 우선 먹읍시다. 먹고 죽은 귀신이 때깔도 좋다는데."

한 사장이 엄살을 떠니 모두들 한바탕 웃었다. 모두들 잔에 술을 가득 따라 건배했다.

"블루레이크, 화이팅!"

분위기가 화기애애해지면서 술잔이 돌았다. 서로 주거니 받 거니 하면서 그간의 안부를 물었다. 춘식은 모처럼 술 을 마음껏 마셨더니 취기 가 돌아 집으로 가는 골목 에서 목청껏 노래를 불렀다.

가슴에 응어리진 것들이 노래에 실려 멀리 멀리 사라지는 듯했다. '그래. 다시 시작하는 거야. 내일도 태양은 다시 뜬다.'

샐러리맨 생존력 : 도전 – 1만 번의 실패가 아니라 1만 번의 실패 이유를
배워라

많은 직장인들이 성공을 꿈꾼다. 성공은 반복되는 실패와 자기반성을 통해서만 이루어진다. 그러나 대부분의 사람들이 적당한 때와 장소를 기다리다 시간을 허비하고 만다. 그뿐만 아니라 기다리는 동안 어느덧 꿈이 슬그머니 사라지고 만다. 때가 되면 그리고 형편이 되면 시작할 것이라고 마냥 미루다 보면, 어느새 현실에 파묻혀 꿈을 잃고 만다. 그러므로 무언가 되기 위해서는 반드시 지금 이 순간 무언가를 해야만 한다. '성공과 실패의 유일한 차이점은 실행력'이라고 알렉산더 그레이엄 벨이 말하지 않았는가.

'승자와 패자'를 정의한 몇 가지 잠언들이 있어 여기에 소개한다. 매번 생각에서만 그치는 직장인이라면 한 번쯤 곱씹어볼 필요가 있겠다.

– 패자는 시간에 끌려 다니고 승자는 시간을 관리한다.

– 패자는 생각 없이 기계적으로 일하지만 승자는 생각하고 난 다음에 체계적으로 일한다.

– 패자는 즉각적인 만족을 위해 사소한 것을 먼저 하지만 승자는 장기적인 만족을 위해 중요한 것을 먼저 한다.

– 패자는 '언젠가 거기'에서 시작하겠다고 계획만 세우지만 승자는 '지금 여기'에서 곧바로 실천한다.

- 패자는 뭔가 할 수 있는 시간에도 아무것도 하지 않지만 승자는 아무것도 할 수 없는 시간에도 뭔가를 한다.

- 패자는 문제의 변두리에서 맴돌지만 승자는 문제의 핵심으로 뛰어든다.

- 패자는 게으르지만 항상 분주하고 승자는 부지런하지만 항상 여유가 있다.

'나는 1만 번의 실패를 한 것이 아니라 1만 번의 실패 이유를 배운 것이다'라고 에디슨은 말했다. 그에게 실패는 또 하나의 배움이었다. 베토벤도 '실패를 구걸하라'고 말했다. 실패는 비관적인 인간의 눈에는 재난이고, 낙관적인 인간의 눈에는 삶의 낭만이다. 실패가 닥칠 때마다 물러서지 않고 온 힘을 다해 극복하면, 자신의 능력이 배가되는 것을 알 수 있다.

역경은 인간을 완성시킨다. 극복하지 못할 역경이란 없다. 역경은 우리 삶의 일부이다. 우리가 해결해야 할 밖으로 드러난 과제일 뿐이다. 역경은 이를 어떻게 받아들여서 어떻게 극복할 것인가를 결정해야 하는 사건에 지나지 않는다. 역경이란 결국 심리나 정신의 문제이다.

수많은 실패를 그냥 실패로 묻어두지 않고 그 속에서 실패의 이유를 알고 배워나가는 사람이 성공하는 법이다. 실패해보지 않은 사람은 길을 찾을 수 없다. 보이지 않는 곳에서 길을 찾아라. 일단 길을 찾아 나섰다면 최대한 적극적으로 치고 나가야 한다. 같은 속도, 같은 모습, 같은 공간에서는 결코 차별화할 수 없다. 그러므로 나만의 차별화할 수 있는 능력이나 실력을 키워나가야 한다. 어느 디자이너의 말처럼 디테일에 혼을 쏟아부어야 한다.

40대, 10년 동안 해야 할 일곱 가지

40대의 10년은 '폭포'와 같다. 죽지 않고는 살 수 없는 시기이며, 운명이 둘로 갈리는 풍운의 시기이다. 무엇이 위대한 마흔 살 10년을 가능하게 만드는가. 변화경영연구소 구본형 소장은 자신의 홈페이지에서 '40대를 위한 자기경영 지침'을 아래와 같이 말했다.

1. 자신의 철학을 가다듬어라.

차용한 철학으로는 낭떠러지를 뛰어내려 자신의 길을 갈 수 없다. 세상과 삶에 대한 자신만의 시선을 가져야 한다. 인생은 구체적인 것이다. 생각하고 행한 모든 것들이 바로 한 개인의 역사다. 자신의 내면적 정서에 부합하는 철학을 계발하라.

2. 사표를 써라.

직장에서 중역이 되든 나와서 창업을 하든 일단 사표는 써야 한다. 떠남이 목표일 때가 있다. 이때가 그때다. 떠나지 못하면 모욕을 당할 것이다. 조직의 안에 있든 밖에 있든 자신만의 비즈니스를 시작하라.

3. 하루의 시간을 완전히 개편하라.

일찍 자고 일찍 일어나라. 일주일이면 새벽에 일어나도록 생체시계를 바꿀 수 있다. 그러나 습관이 되려면 반드시 일찍 자야 한다.

4. 하루에 두 시간은 자신의 전문성을 위해 투자하라.

가장 질 좋은 시간 두 시간을 뽑아내라. 그리고 매일 자신을 위해 투자하라. 마흔이 넘어 믿을 수 있는 것은 자기 자신밖에 없다. '자신을 위한 시간'을 최우선으로 배정하라.

5. 가장 아름다운 가정 하나를 만들어라.

아이들이 가장 좋아하고 존경하는 사람이 되라. 아내와 남편에게 가장 매력적인 애인이 되라. 밖에서 성공하고 안에서 실패한 사람들을 너무 많이 보았다. 가정을 얻는 것보다 좋은 투자는 없다.

6. 오랫동안 마음에 그리던 집을 사라.

그 집에서 깨어나고 생각하고 즐기고 잠드는 아름다운 공간을 가족에게 선물하라.

7. 취미 속에서 평생 직업의 힌트와 싹을 키워라.

하고 싶은 일과 잘할 수 있는 일만이 'good to great'로의 전환을 가능하게 한다. 끊임없는 실험과 학습이 이 시기의 키워드이다.

PART 4
임원급 간부들의
자기 경영 기술

50대는 자신의 꿈으로 되돌아올 수 있는 시기이다. 아직 한창 일할 때이기도 하고 아직 한창 즐기는 때이기도 하다. 또한 은퇴 후 인생을 개척하기 위한 준비 기간이 자 도약의 기간이다. 경험에만 의존하지 말고 생각을 바꿔라. 내 안에 잠재되어 있는 창의력을 깨워 나만의 이야기를 창조해내라.

대한민국 샐러리맨, 거침없이 살아라

SALARIED MAN

CHAPTER 1

용장 밑에 약졸 없다

"축하해, 장 팀장. 큰일을 해냈어."

김창구 상무는 '수퍼 세일즈맨' 대상을 받는 장영실 팀장의 어깨를 두드리며 축하했다. 진일그룹은 20년 전 조그마한 오퍼상으로부터 시작했다. 창업주인 천대평 회장이 '날마다 사업이 나아가라'는 소망을 담아 회사 이름을 '진일'로 지었다고 한다. 오퍼상으로 시작한 진일무역이 주력 기업이다. 진일그룹은 그동안 제조업, 유통업으로 사세를 확장하여 현재 15개의 계열사를 거느리고 있는 중견 재벌 그룹이 되었다.

오늘은 진일그룹에 대단히 뜻 깊은 날이다. 천 회장은 영업으로 잔뼈가 굵었기 때문에 평소에 영업에 대해 남다른 애정을 가지고 있다. 평소 영업만이 그룹의 살 길이라고 주장하는 천 회장의 지시로 5년 전 그룹에서는 영업사원을 위해 큰 상을 만들었다. '수퍼 세일즈맨 대상'이 바로 그것이다. 매년 그룹 15개 계열사에서 영업을 가장 잘한 직원을 뽑아 '수퍼 세일즈맨' 상을 주고 있다. 오늘이 바로 그 상을 주는 날이며, 진일그룹에서 벌이고 있는 행사 중에서 가장 큰 행사이다.

김 상무에게도 오늘은 매우 뜻 깊은 날이다. 바로 부하 직원인 장영실 팀장이 대상을 받기 때문이다. 회사 차원이 아닌 그룹 차원의 대상을 받는 날이다. 개인의 영광은 물론이거니와 회사 차원에서도 큰 영광이다. 그동안 종합상사인 진일무역이 매년 '수퍼 세일즈맨 대상'을 독차지해왔는데 올해는 뜻밖에도 진일전자에서 대상 수상자가 나왔다. 진일전자가 설립된 지 얼마 되지 않았기에 창사 최초의 영광이었다.

대상은 경쟁이 매우 치열해 심사가 무척 까다롭다. 각 사에서 1명씩 추천받아 올라온 15명이 각축을 벌였다. 공적 보고서를 기준으로 한 평가와 함께 조사 및 면담을 통해 우열을 가렸다.

영업 규모로 보면 사실 진일전자의 실적은 진일무역의 영업사원에 비하면 매우 초라했다. 하지만 영업 활동의 공적을 보면 그 누구에게도 뒤지지 않을 정도로 화려했다. 불모지나 다름없었던 금융기관의 초대형 업무를 수주한 것이다. 이 프로젝트를 성사시키기 위해 김 상무도 혼신의 힘을 다했다. 김 상무뿐만 아니라 사장도 직접 뛰어들어 물심양면으로 도왔다. 규모에 걸맞게 경쟁사들의 로비도 치열했다. 회사 전체가 전방위 영업을 펼쳤는데, 어떤 경쟁사는 정치권의 인맥까지 동원했지만 최종적으로 진일전자가 수주한 것이다.

약 5개월에 걸쳐 동분서주했던 그동안의 일들을 열거한다면 족히 소설 두 권의 분량은 될 만큼 에피소드와 우여곡절이 가득하다. 이 프로젝트의 수주 건으로 진일전자의 명성도 한 단계 올라섰으며, 김 상무의 영업 역량도 높이 평가하는 계기가 되었다.

행사는 특급 호텔 대연회장에서 거행되었다. 행사에는 천 회장을 비롯해 그룹사의 모든 대표이사가 참석해서 축하해주었다. 식순에 따라 공적과 심사 결과를 발표하고 천 회장이 직접 시상을 했다. 장 팀장은 부상으로 1계급 특진과 상금 그리고 해외 가족여행의 특전을 받았다. 축하해주기 위해 온 동료와 가족들은 축하 꽃다발을 들고 무대 위로 뛰어 올라갔다. 상패와 상장을 들고 있던 장 팀장은 건네주는 꽃다발을 양팔에 한아름 안고 기뻐 어쩔 줄을 몰랐다.

여기저기에서 카메라 플래시가 터졌다. 실로 감격적인 순간이었다. 이어서 방금 장 부장으로 승진한 장 팀장이 수상 소감을 발표했다. '감사합니다'로 말문을 연 그는 목이 메여 제대로 말을 잇지 못했다. 그동안 일하면서 힘들었던 순간을 회상하며 오늘의 기쁨을 말로 다 표현할 수 없다는 장 팀장의 얼굴은 이미 눈물 범벅이었다.

진일전자는 회사 차원에서 장영실 팀장의 수상을 축하하고, 이 감격의 순간을 함께 하기 위해 수상자와 관련자들을 위한 저녁 만찬을 가졌다. 사장 이하 전 임원과 관계자 그리고 수상자인 장 팀장의 가족이 초청되었다. 사장의 격려사와 수상자의 감사의 말 등이 식순대로 진행되었다. 분위기를 띄우기 위해 사회자가 수상자의 부인에게 수상 소감을 물었다. 머뭇머뭇하던 장 팀장의 부인이 감사의 말을 하다가 갑자기 감정이 복받쳐 울먹이자 장내는 숙연해졌다. 옆에 있던 아이들은 엄마가 왜 우는지 알지 못한 채 천진난만하게 웃고 있었다.

제안 작업이 한창인 지난 5월이었다. 제안 작업 막바지 즈음에 어린이날이 있었다. 휴일인 그날도 아빠에게 맛있는 것 사달라고 아침부터 조르는 네 살배기 둘째에게 저녁에 사준다고 하고 사무실에 나왔다. 하지만 일이 밀려서 딸과의 저녁 약속을 지킬 수 없게 되었다.

결국 저녁 7시경에 장 팀장의 아내가 아이들을 데리고 사무실로 왔다. 아이들이 아빠에게 가자고 조르는 바람에 어쩔 수 없었다. 하지만 장 팀장은 귀여운 딸아이를 꼭 안으면서 미안하다는 말밖에 할 수가 없었다. 철없이 떼쓰는 아이가 엄마 손에 끌려 돌아가는 뒷모습을 보는 장 팀장의 마음은 다른 어느 때보다도 더더욱 아팠다. 꼭 장 팀장만의 일은 아니었다. 김 상무도 잠시 자신을 돌아보았다.

'가만 있자? 나도 가족과 저녁을 먹은 지가 얼마나 되었나?'

가물가물했다. 평일은 거의 매일 접대로 이어지기 때문에 불가능하고 주말에나 겨우 시간을 낼 수 있는데, 그나마 요즈음 부쩍 골프 접대가 많아 가족과 저녁을 같이 하기가 여간 어렵지 않다. 아마도 가족과 저녁을 먹은 지가 두어 달은 족히 넘은 것 같다. 아내도 이제는 아예 남편의 저녁 찬거리는 준비하지 않는다.

모처럼 아빠가 밝은 대낮에 귀가해서 초인종을 누르니 학교에서 돌아온 아들이 문을 열어 주면서 "아저씨, 누구세요?"라고 물었다고 한다. 밝은 대낮에 아버지 얼굴을 한 번도 본적이 없어서 누구인지 알아보지 못했기 때문이다.

예전에 주간지에서 읽은 글이다. 웃고 흘려버리기엔 뭔가 가슴에 찔렸다. 결코 과장된 얘기도, 남 얘기도 아니라는 걸 하루하루 직장 전쟁터에서 치열하게 살아가는 대한민국 가장 아빠들이라면 알기 때문이다.

평범한 직장인은 좋은 상사를 만나기 위해 노력해야 하고, 자신이 속한 조직과 부서가 잘되기 위해 노력해야 한다. 출세의 조건은 운이 30%, 상사의 '끌어주기'가 40%이고, 나머지 30%가 본인의 능력이다. 장 팀장이 대상을 받게 된 것은 자기 노력과 능력도 있었지만 김 상무와 같은 좋은 상사를 만난 덕도 크다.

처음 팀장이 된 장 과장은 여러모로 미숙했다. 아직도 팀원 때의 사고방식에서 벗어나지 못한 장 팀장을 김 상무는 혹독하게 훈련시켰다.

'작은 실수는 호되게, 큰 실수는 너그럽게!'

보통 팀장 이전 단계까지는 직무에 관련된 기술이나 업무 성과가 직원 평가의 기준이 된다. 하지만 팀장이 되면 전혀 다른 평가 기준이 등장한다. 리더십과 조직 운영 기법, 팀 전체의 성과를 높이는 전략이 그것이다.

대부분의 사람들은 영업사원이 큰 건수 하나를 성공시키면 무슨 뛰어난 능력이 있거나 재수가 좋았다고 생각한다. 하지만 위대한 업적은 대부분

행운보다는 많은 좌절과 기다림으로 만들어진다. 김 상무와 장 팀장이 속한 영업팀은 무려 5개월에 걸친 대장정 끝에 찬란한 성공을 이룬 것이다.

초반에는 경쟁에서 매우 열세였다. 준비할 시간도 턱없이 부족했다. 하지만 모든 직원들이 불철주야 몸을 사리지 않고 혼신의 노력으로 희생한 덕분에 최종 두 회사에 선정되었고, 다시 재격돌에서 김 상무가 직접 프레젠테이션을 하고 모든 직원이 만반의 준비를 해서 계약을 성사시킨 것이다. 김 상무의 역할이 컸음은 부인할 수 없다.

어렵게 우선 협상자로 선정되었지만 고난은 계속되었다. 최종 계약까지 많은 험난한 과정을 겪어야만 했다. 각종 협상이 남아 있었기 때문이다. 장 팀장은 가격 협상 그리고 각종 조건을 맞추느라 고객과 매일 티격태격했다. 그 과정에서 고객과 싸우기도 많이 했고 어르기도 많이 했다. 처음 입찰 공고가 뜬 날로부터 5개월이 지나서야 정식 계약을 할 정도로 길고 긴 투쟁이었다. 그동안 흘린 땀과 희생의 대가로 오늘 대상을 받은 것이다.

"첫 해에 애인이 떠나고, 둘째 해에 친구가 떠나고, 셋째 해에는 가족이 떠납니다. 그러나 진정 일을 사랑하는 사람은 도전하십시오."

어느 방송사의 신입사원 채용 광고의 카피이다. 김 상무가 자주 언급하는 말이기도 했다.

"영업도 마찬가지입니다. 자기 맡은 바 임무를 수행하다 보면 가까운 사람들과 본의 아니게 멀어지기도 합니다. 함께 할 시간이 없기 때문입니다. 그러나 이것을 이겨내야 성공할 수 있습니다."

김 상무는 영업사원들이 이러한 역경을 거치면서 프로로 성장하는 것이라고 생각한다. 프로의 세계에는 오직 승부만이 존재할 뿐이다. 냉혹한 승부의 세계에서는 오직 승자만이 살아남는다. 스포츠에서는 2등에게 은메달이라도 주지만 영업에서 2등은 아무것도 없다. 도리어 비난과 질책만이 있을 뿐이다.

영업의 세계는 도박과 같다. '포커(poker)'판과 유사하다. 포커에서는 2등이 끝까지 베팅하기 때문에 가장 돈을 많이 잃는다. 영업도 최후까지 경쟁한 자가 가장 피해가 크다. 그러므로 처음부터 방향과 전략을 잘 결정해야만 한다. 의사 결정자의 정확한 결정과 끝까지 최선을 다하는 팀원들의 지구력만이 승리를 보장해줄 뿐이다. 직원을 강하게 키우기 위해서는 김 상무 스스로가 강해져야만 했다. 장수는 항상 솔선수범하고 앞장서서 이끌어주어야만 한다.

세상에서 만족하기 힘든 세 가지가 있는데, 첫째는 연봉, 둘째는 배우자, 셋째는 직장 상사라고 한다. 직장인의 70~80%는 상사에 대해 불만을 품고 있다. 상사와 맞지 않아 직장을 떠나고 싶거나 실제로 이직하는 이들도 상당하다. 하지만 상사는 내 업무의 일부이자 필요조건이다.

김 상무는 최대한 많은 직원들과 깊은 대화를 나누기 위해 시간을 내려고 노력했다. 같이 식사도 하고 같이 야근도 했다. 김 상무는 직원들에게 일을 시킬 줄 알고, 가르칠 줄 알고, 평가할 줄 아는 현명한 상사다. 직원들이 윗사람에게 보고 싶은 모습은 뭔가 책임지는 모습, 베푸는 모습, 양보하는 모습, 희생하는 모습이다.

리더십(leadership)이란 꼭 권위에서 나오는 것이 아니다. 오히려 이해하고 배려하는 마음, 낮추고 헌신하는 자세에서 리더십이 창출된다. 이러한 리더십에는 아랫사람이 자연적으로 모여들고 또 따르고자 한다. 자연히 '폴로우십(followship)'이 따라오는 것이다. 삼류 리더는 자기 능력을 사용하고, 이류 리더는 남의 힘을 사용하고, 일류 리더는 남의 지혜를 사용한다.

김 상무는 스스로 다짐했다. 부하 직원이 따를 수 있는 용장(勇將), 그리고 더 나아가 덕장(德將)이 되기로.

·‹)) 격언 한 마디

다른 사람들이 원하는 것을 얻도록 충분히 도와주면 당신이 원하는 모든 것을 얻을 수 있다.

You can get everything you want if you help enough others get what they want.

지그 지글러

CHAPTER 2

정보 제공자로 나서서 인맥을 넓혀라

"박 회장님, 다음 주 토요일 9시 12분 마운틴 코스(Mountain Course)입니다."

김 상무는 전화로 골프 약속을 확인했다.

김창구 상무. 그는 명문대를 나와 진일전자에 취직해 현재 상무로 근무하고 있다. 오늘도 김 상무의 하루 일정은 빡빡하다. 하지만 골프 약속만큼은 아무리 바빠도 김 상무가 직접 챙긴다. 다른 업무와 관련한 연락은 여비서를 시키지만 골프 약속만큼은 직접 전화해 안부도 전하고 고객의 근황도 묻곤 한다.

"김 상무님이시군요. 예, 잘 알았습니다. 다음 주에 거기서 뵙겠습니다, 고맙습니다."

박 회장은 명쾌하게 대답했다.

박영두 회장. 자수성가한 중소기업의 회장으로 입지적인 인물이다. 오로지 뚝심 하나로 지금의 화영기업을 일구어낸 사람이다. 최근 전문 경영자를 영입해 일선에서 물러나 한가롭게 골프를 즐기고 있다.

김 상무는 박 회장과의 전화를 끊자마자 다른 곳으로 바쁘게 전화를 한다. 동반자들에게 일일이 전화해 약속을 재확인했다.

"최 교수님, 이번 주 토요일 7시 30분까지 제가 모시러 가겠습니다."

"아니, 내 차로 가도 되는데……."

"괜찮습니다. 바로 옆 동네인데 굳이 두 차로 갈 필요가 있나요?"

"매번 신세만 져서……."

최세형 교수. 그는 잘나가는 경영학과 교수이다. 미국에서 박사학위를 받고 국내 유수 대학에서 스카우트한 수재이다. 김 상무는 최 교수가 두 살이 많은 대학 선배라서 깍듯이 모신다.

김 상무는 이번 주 골프 모임 연락을 마치고는 바로 여직원에게 그 다음 주 부킹을 지시한다.

"티 오프(Tee off) 시간 나오면 바로 핸드폰으로 연락 줘요. 그러면 나는 현장으로 나갑니다."

김 상무는 꼭 필요한 사항을 직접 챙기고 난 후에 고객과의 약속 장소로 나갔다. 그는 예정된 일정대로 여러 고객을 만나고 회사로 돌아오는 차 안에서 여직원의 전화를 받았다.

"상무님, 다음 다음 주는 오후 시간 1시 6분으로 예약되었습니다."

"음, 수고했어요. 조금 후에 도착할 거예요."

전화를 끊고 바로 다음 골프 모임의 동반자들에게 전화를 걸었다.

"박 국장님, 다음 다음 주 토요일 오후 1시 6분입니다. 제가 다음주에 한 번 더 연락드리지요."

"예, 그렇습니까, 연락 안 주셔도 됩니다. 다른 약속은 몰라도 골프 약속을 잊을 수가 있나요, 허허."

'모든 비즈니스는 사람, 제품, 이익으로 압축된다. 이 중에서 사람이 가장 중요하다' 라고 아이오코카가 말했다. 고객 관리에 철저한 사람들은 사무실에 출근해서 처음 하는 일이 전화하는 일이다. 전화 한 통화도 치밀한 고객 관리 계획의 일부이다. 고객 관리는 아무나 할 수 있는 일이 아니다. 철저한 계획과 노력이 수반되는 일이다.

고객을 처음 만났을 때 세밀한 관찰을 통해 상대의 특성을 파악해두는 지혜가 필요하다. 고객이 어느 시간에 한가한지, 취미나 관심사가 무엇인지를 미리 알아내 적절한 시간에 전화를 한다. 또 수첩에 한 달에 한 번 전화를 건 사람을 표시하고 간단한 내용들을 기록해둔다. 그리고 고객과의 점심시간을 최대한 활용한다. 점심시간이야말로 짧은 만남을 통해 상대와 가까워질 수 있는 최고의 시간이기 때문이다. 다른 사람들과 함께 하는 식사는 결코 소홀히 해서는 안 될 친교 활동이다. 일반적으로 고객관계를 구축하는 방법은 다음과 같다.

첫째, 한 번 만난 상대라도 이름과 직책을 외워두고 일주일 안에 연락한다.

둘째, 인맥을 만들고 싶은 상대에게는 반드시 점심 초대를 한다.

셋째, 상대의 조경사에는 빠지지 않고 참석한다. 특히 조사에는 어떠한 일이 있어도 참석하도록 노력해야 한다.

넷째, 고객과 첫 대면하자마자 만남의 목적을 이야기해서는 안 된다. 서서히 시간을 두고 상대와 교제 시간을 늘려가면서 고객의 비서, 동료와 인간관계를 돈독히 해놓아야 한다.

"바로 이 맛이야!"

이 세상에서 가장 맛있는 맥주는 골프치고 난 후에 마시는 맥주이다. 네 사람은 건배를 하고 단숨에 맥주를 들이켰다. 첫 잔을 다 마실 때까지 옆에서 잠자코 기다렸던 연변 아줌마에게 김 상무가 주문을 했다.

"고기 3인분하고 청국장 정식으로."

18홀의 골프를 즐기는 골퍼들은 누구나 라운드를 끝내고 강평의 시간을 가진다. 이 역시 골프의 한 부분이다.

"아니, 몇 달 안 보는 사이에 실력이 그리 늘었습니까?"

이 모임의 주선자인 김 상무가 박 회장에게 하는 칭찬 아닌 견제로 강평은 시작되었다.

"아니 뭘요, 김 상무야말로 엄청 늘었네요."

김 상무는 오늘 평소보다 잘 쳤지만 조금 아쉬움이 남는 기록이었다. 식사를 끝내고 모두들 자리에서 일어설 때 김 상무는 주차장으로 나갔다. 고객에게 지속적으로 강한 인상을 심어주기 위해서는 골프를 끝마치고 작별 인사를 하는 순간까지 마음을 놓아서는 안 된다.

"조심해서 돌아가십시오."

김 상무가 박 회장에게 작별 인사를 했다.

"김 상무님, 조만간 연락을 드리겠습니다. 저희 사무실에 한 번 들러주시지요."

박 회장은 김 상무와 작별 악수를 하면서 말했다.

"예, 언제든 연락만 주십시오. 바로 찾아뵙겠습니다. 살펴 가세요, 회장님."

좋은 매너에 겸손하고 누구와도 잘 어울리면서 좋은 골프 실력까지 갖춘 김 상무는 언제 누구와도 최상의 골프 파트너이다. 김 상무는 오늘도 골프를 즐기고 건강도 지키면서 비즈니스도 성사시켰다.

비즈니스 골프의 목적은 고객과 유대관계를 가지며 원활한 의사소통을 하는 것이다. 비즈니스 골프는 사업 파트너와 잠재 고객 또는 고객과의 관계를 친밀하게 유지하고 지속적으로 발전시키기 위한 특별한 목적으로 이루어진다. 따라서 골프를 칠 때에는 이기심을 버리고 모든 관심을 상대방에게 집중해야 한다. 골프 게임이 아닌 고객에게 관심을 집중해야 한다.

모든 비즈니스는 만남으로 이루어진다. 대개 한 번 만나고 난 후 지속적으로 만나고 싶은 사람들은 만나면 득이 되는 사람, 이야기를 나누다 보면 기분이 좋아지는 사람, 새로운 지식을 얻게 해주는 사람, 취미가 같은 사람, 유머가 풍부한 사람이다. 따라서 비즈니스를 위한 골프 미팅이라면 파트너가 가장 편안한 상태에서 오랫동안 기억에 남을 수 있는 플레이를 하도록 만들어야 한다. 라운드가 다 끝난 후 상대가 '오늘은 정말 즐거웠어!'라는 생각이 들도록 만들어야 한다는 것이다.

'일기일회(一機一會)'라는 말이 있다. 어리석은 사람은 인연을 만나도 모르고, 보통 사람은 인연을 알고도 살리지 못하고, 현명한 사람은 소매만 스쳐도 인연을 살려낸다. 그래서 첫 인연을 만드는 것이 가장 어렵다고 한다.

새로운 인맥을 구축할 때 가장 나쁜 방법은 자기에게만 도움이 되는 쪽으로 접근하는 것이다. 인맥을 구축하는 가장 중요한 요소는 상대에 대한 '배려'다. 처음에는 재미있는 이야기, 도움이 되는 이야기로 시작해야 한다. 가장 좋은 방법은 상대가 필요로 하거나 상대방이 얻기 어려운 정보를 제공하는 것이다. 상대방이 기대하는 것보다 더 많은 것을 주면, 당신 역시 기대한 것보다 더 많은 것을 받게 된다. 인간관계란 실제로 만나서 이야기를 한 횟수가 중요한 것이 아니라 진지한 만남의 횟수가 중요한 것이다. 다이아몬드는 여러 번 깎을수록 더욱 광채가 나고, 사람은 자기를 버릴수록 주변에 더욱 많은 사람이 모이게 된다.

"정영희 씨, 이것 받아요."

고객을 만나러 가기 전에 여비서인 정영희에게 예쁜 뉴질랜드 마오리 인형을 건넸다.

"어쩜 이렇게 예쁠 수가, 매번 좋은 선물 주셔서 고맙습니다."

여비서는 반색을 한다. 그리고 곧바로 고객에게 김 상무가 왔음을 알렸다. 김 상무는 해외 출장을 갈 때마다 선물을 많이 사온다. 현지 공항에서는 토산품, 열쇠고리 등 주로 액세서리를 사고, 비행기 안에서는 볼펜과 여자 화장품 그리고 고급 양주를 산다. 액세서리는 주로 여직원용이다. 고객사를 방문할 때 고객사의 여직원에게 준다. 효과는 여러 방면에서 나타난다. 가령 고객이 선약이 있을지라도 김 상무의 약속을 우선적으로 배정해 언제든지 고객과 만날 수 있도록 조정해주기도 한다.

양주를 살 때에는 최고급품으로만 산다. 일반 양주는 국내에서도 시판하고 있기 때문에 희소성이 없고 가격 차이도 그다지 많이 나지 않는다. 하지만 '발렌타인 30년'이나 '조니 워커 블루'와 같은 고급 양주는 구하기도 쉽지 않고 시판 가격과 가격차가 많이 난다. 고급 양주를 고객에게 선물하거나 저녁 접대할 때 활용하면 품위도 있어서 좋다.

직장인들을 대상으로 설문조사한 결과, 활력 있는 직장생활을 위해 가장 필요한 것으로는 인간관계(34.4%)를 가장 많이 꼽았으며, 건강(21.5%), 업무 만족(19.9%), 여유로운 마음(14.7%) 순으로 나타났다. 반면에 직장인들의 70% 이상이 인간관계로 가장 스트레스를 많이 받는다고 한다. 과연 나의 인맥 관리 지수는 얼마나 될까? 인맥 관리의 성공 요인은 다음과 같다.

1. 작은 약속이라도 꼭 지켜라.
2. 정성을 기울이는 사람이 되라.

3. 유용한 시간을 보내라.

4. 모임을 주재하는 사람이 되라.

5. 윗사람과 즐겁게 어울려라.

6. 베풀기를 즐겨라.

고객과의 관계를 돈독히 하는 데는 비단 만남뿐 아니라 편지나 이메일 등을 잘 활용하는 것도 중요하다. 감사나 축하의 마음을 담은 편지나 이메일은 사람의 마음을 크게 움직인다. 편지나 이메일을 쓸 때에는 반드시 상대방 사정에 맞게 쓰고, 도움이 되는 정보를 주어야 한다. 상대가 다음 편지를 기다리게 만들어라. 즉, 단지 영업사원이 아니라 중요한 정보 제공자라고 인식시켜야 한다.

보다 적극적인 방법으로는 선물을 하는 것이 있다. 선물은 고마움을 표시하는 기본 예절이다. 하지만 선물을 줄 때에는 신중해야 한다. 미처 가까워지지 않은 상태에서 부담스러운 선물을 주면 자칫 오해를 불러일으킬 수 있기 때문이다. 무엇보다 선물을 주고받을 때는 성의가 중요한데, 고객이 구입하기 어려운 물건일수록 선물의 효과는 커진다. 비단 물건이 아니더라도 고객이 필요한 것, 또 비서나 아내와 같은 주변 사람들을 감동시키면 인맥 관리에서 일석이조의 효과를 볼 수 있다.

김 상무는 신문과 잡지 그리고 전문 서적을 읽으면서 고객에게 유용할 것 같은 정보는 항상 미리 스크랩을 해서 정리해놓는다. 재차 방문할 때 말로만

이 아니라 스크랩을 함께 전달해주면 고객은 매우 감동받는다. 뿐만 아니라 그의 지갑에는 문화상품권이 열 장씩 들어 있는데, 고객과 만났을 때 고객이 책이나 문화 행사에 관심을 보이면 즉석에서 문화상품권을 선물한다.

고객을 만날 때면 항상 김 상무는 고객이 관심을 가지는 분야나 물건, 취미에 대해 메모를 해두었다가 선물하는데, 이때 가격의 높고 낮음에 관계없이 고객은 무척 고마워서 어쩔 줄을 모른다. '나를 이렇게까지 생각하고 있구나' 라고 생각해 고객은 그를 각별히 대할 수밖에 없다. 훌륭한 인맥을 얻고자 한다면 먼저 자신을 상대에게 맞출 줄 알아야 한다.

이시형 박사는 좋은 인간관계를 위한 7가지 노하우를 이렇게 말했다.

1. 친절하라.
2. 남의 고통에 귀를 기울여라.
3. 내게 도움을 준 사람을 생각하라.
4. 당신이 좋아하는 책을 선물하라.
5. 애정만으로는 안 된다. 노력을 쏟아라.
6. 칭찬할 일을 찾아라.
7. 받기보다 베풀 일을 찾아라.

자신을 중심으로 촘촘히 인간관계를 조직하고 그것을 넓혀나감으로써 자기 브랜드를 최상의 상태로 관리할 줄 아는 능력이 필요하다. 즉, 연줄이 아니라 네트워크를 만들고 관리할 수 있어야 한다.

고객에게서 '네'라는 대답을 끌어내기 위해서는 수많은 '아니오' 단계를 거쳐야 한다. 누구보다도 이를 잘 알고 있는 김 상무는 그만의 좌우명을 갖고 있다.

'일할 때는 후퇴를 생각하지 마라. 하지만 대인관계에서는 항상 나중을 생각하라.'

⫸ 격언 한 마디

만 명과의 관계는 쉬우나 한 명과의 관계는 어렵다.

The easiest kind of friendship is with ten thousand people, the hardest is with one.

조안 베즈

CHAPTER 3

체력이 곧 능력이다

"안녕하십니까? 백 이사님, 일찍 나오시네요."

김 상무는 헬스장 목욕탕에서 계열사인 진일금고의 백숙현 이사를 만났다. 누군가가 자신에게 인사하자 백 이사는 놀란 듯 잠시 머뭇거렸다. 뿌연 수증기가 걷히고 얼굴이 보이자 백 이사도 반갑게 인사를 한다.

"어이, 난 또 누구시라고, 진일전자의 김 상무님 아니시오. 여기 나오십니까?"

백 이사는 헬스클럽이 문을 연 이래 계속 다니는 곳이라 어지간한 사람들은 거의 다 알고 있는 편이다.

"예, 지난 주부터 나왔습니다. 그런데 백 이사님은 금융기관이라 출근 시간도 여유가 있으실 텐데 왜 굳이 새벽에 나오십니까?"

"김 상무님도 잘 아시면서…… 요즈음 우리 그룹이 아침 일찍 출근하지 않소. 업무 시간이 되면 고객과 씨름하느라 정신이 없어요. 일찍 출근을 해야 그나마 내 일을 할 수 있지요. 저는 운동을 하고 바로 출근합니다."

"네. 참, 언제 시간 좀 내서 점심이나 같이 하시지요."

"아, 네, 그러죠. 음…… 오늘하고 내일은 선약이 있고, 모레는 괜찮겠네요."

"그러면 모레 저하고 점심을 하시지요. 사무실에 가서 일정을 확인하시고 변경사항이 있으면 전화 주십시오."

아주 짧은 시간에 목욕탕에서 두 벌거벗은 사내가 점심 약속을 했다.

지난 연말에 매출 목표를 맞추느라 김 상무는 매우 바빴다. 집 근처에 있는 YMCA 수영장에서 아침마다 하던 수영도 이미 포기한 상태였다. 5년 동안 아침 운동을 거르지 않았던 그는 영업팀으로 오고 나서 한두 번 빠지기 시작하더니 결국에는 아예 등록 기간을 놓쳐버리고 말았다. 당연히 회원 자격도 잃었다. 다시 등록하려면 대기자가 많아 6개월은 기다려야 한다. 등록만이라도 해둘 걸, 뒤늦게 후회했지만 이미 배는 떠난 뒤였다. 김 상무는 할 수 없이 다른 헬스클럽를 찾다가 사무실 근처인 강남의 헬스클럽에 등록했다. 월 회비는 무척 비쌌지만 건강을 위해서 투자한다는 굳은 결심으로 등록했다.

강남 헬스장에 도착하는 시간은 6시 20분 전후. 김 상무는 찬물 속으로 뛰어들어 덜 깬 잠을 깨고 난 후 약 40분간 1킬로미터를 논스톱으로 수영을 한다. 수영을 마친 후 뜨끈한 탕 안에서 뭉친 근육을 푼다. 김 상무가 다니는 헬스클럽은 시설이 매우 좋았고 또 사무실 근처라서 동료 직원과 근방에 있는 고객들이 많았다. 때로는 벌거벗은 채 서로 인사를 나누기도 한다. 벌거벗은 상태에서 나누는 대화는 허물이 없고 벽이 없다. 그래서 더 금방 친해진다. 고객이든 동료든 목욕탕에서 만난 인연은 이상하게 친밀감이 더 가는 것이 사실이다. 다음에 사무실에서 만나면 이전보다 더 가깝게 느껴졌다. 건강도 유지하고 인맥도 관리하고, 일거양득인 셈이다.

"정 팀장, 어제 술을 많이 한 모양이군. 사우나라도 하고 오지 그래?"

김 상무는 술이 덜 깬 상태로 자리에 앉아 있는 정 팀장을 내몰았다.

"예, 그럼 잠깐 다녀오겠습니다."

정 팀장은 슬금슬금 사무실을 나갔다. 한 시간 뒤, 정 팀장은 말쑥한 모습으로 돌아와 본격적인 업무를 시작했다. 영업을 하다 보면 접대로 늦게까지 술을 할 때가 많다. 김 상무도 '술 상무'라고 부를 정도로 술 접대를 많이 해봐서 그 심정을 이해한다. 김 상무는 몇 년 전까지만 해도 전날 늦게까지 술을 마셔도 다음 날 아침 근무에 큰 지장이 없었는데, 요즈음은 오전 내내 숙취로 고생한다. 이럴 때는 책상에 앉아 비실비실 하느니 차라리 사우나에 가서 땀을 빼고 나오면 몸과 마음이 한결 개운해진다. 사우나는 이보 전진을 위한 일보 후퇴(?)인 셈이다.

나이가 쉰이 되면 자기 얼굴뿐만 아니라 몸에 대해서도 책임을 져야 한다. 스스로 자신의 몸을 최고로 예우하는 것이 바로 자기를 정당하게 대우하는 것이다. 건강하게 산다는 것은 일관성 있게 사는 것이다. 우리의 마음과 신체는 하나이다. 그래서 건강은 총체적인 것이다. 무릇 살아 있는 모든 생물들은 규칙적인 운동이 필요하다.

김 상무가 규칙적으로 하는 운동은 평일에는 수영, 주말에는 골프이다. 해외 출장에도 반드시 수영복과 골프화를 챙긴다. 장거리 이동 후에는 비행기에서 내리자마자 시차 적응을 위해 바로 골프장으로 간다. 현지 시차에 적응하기 위해서는 현지 시간에 맞게 활동해야 한다. 호텔에서 그냥 휴식을 취하는 것보다는 골프를 하면 시차에 더 빨리 적응할 수 있다. 또한 대부분의 호텔에는 수영장이 있기 때문에 출장을 가서도 아침 일찍 수영을 한다. 수영을 하고 나면 산뜻한 마음으로 업무에 임할 수 있다.

'나이는 숫자에 불과한 것이다.'
이 광고처럼 나이는 시간이 아니라 건강과 성격에 의해 결정된다. 건강은 평소 건강할 때 챙겨야 한다. 건강한 몸과 마음을 위해서는 좋은 생활습관이 필요하다. 신체는 생각의 노예이다. 두려움과 긴장과 같은 부정적인 생각들은 신체의 균형을 망가뜨리기 쉽다. 그래서 김 상무는 항상 즐거운 마음과 긍정적인 생각을 가지도록 노력한다.

건강이 있는 곳에 자유가 있다. 건강은 모든 자유 중에서 으뜸가는 것이다. 건강한 몸과 자유로운 마음에서 열정과 도전의식이 싹트기 때문이다. 다시 말하면, 건강은 정성과 관리이다. 하지만 현대인은 너무 바빠서 건강을 돌볼 사이도 없이 매일 전쟁을 치루면서 살고 있다. 특히 현장을 뛰는 직장인에게 가장 중요한 재산은 바로 체력이다. 체력이 강해야 직장과 가정 두 마리 토끼를 잡을 수 있다. 건강은 행복의 주된 요소일 뿐만 아니라 일을 잘 해내기 위해서도 꼭 필요한 것이다.

·ⁱⁱ》 격언 한 마디

자유를 만끽하려면 자기 관리를 잘 해야 한다.

To enjoy the freedom we have to control ourselves.

버지니아 울프

CHAPTER 4

시간은 '여행용 가방', 네 귀퉁이의 빈 시간을 살려라

"따르릉 따르릉."

새벽 5시 30분, 자명종이 울린다. 2003년 우리나라 대표 CEO들은 평균 5시 45분에 일어나는 것으로 조사되었고, 2006년 세계 10대 CEO들은 4시 30분에서 5시면 눈을 뜬다고 한다. 김 상무 역시 5시 30분에 일어난다. 하루 일과는 새벽 수영으로 시작한다.

아침 운동을 마치고 사무실에 도착하면 제일 먼저 조간신문을 약 20분에 걸쳐 훑어본다. 신문을 보면서 스크랩할 부분을 표시해서 여직원에게 모아두라고 지시를 한다. 곧바로 컴퓨터를 켜고 밤새 들어온 이메일과 인터넷을 통해 각종 정보를 조사한다. 매일 빼먹지 않고 하는, 이른바 '정보 사냥 시간'이다.

정보 사냥을 마치고 나면 약 7시 30분경, 이제부터 업무의 시작이다. 어제 못했던 일, 오늘 해야 할 일 등을 정리하다 보면 하나둘씩 직원들이 출근을 시작한다. 사무실이 소란스러워진다. 직원들이 모두 출근한 8시부터는 각종 회의와 꽉 짜인 고객사 방문 일정으로 바쁘다.

김 상무는 빽빽한 일정으로 항상 시간이 부족하다. 대개 영업 파트의 임원이나 많은 CEO들이 바쁜 일과로 인해 시간에 쫓기며 사는 직장생활에 대해 불평한다. 바쁘고 힘든 건 사실이다. 그러나 일정에 쫓기지 않고 충분한 시간을 갖고 여유 있게 일하는 임원은 거의 없다고 봐도 무방하다.

시간 관리란 몇 시간 일을 했느냐가 중요한 것이 아니라 어떤 자세로 어떻게 일했느냐가 중요한 것이다. 하루 종일 정신없이 일하는 것이 아니라, 얼마나 집약적이고 효율적으로 일하는가가 중요하다. 살인적인 스케줄을 소화해내는 임원들은 남보다 시간이 더 많아서가 아니라 이렇듯 시간 관리를 철저히 했기 때문에 가능한 것이다.

"김 상무님, 3시인데요. 조 사장님과 4시에 약속 있다고 하지 않으셨나요?"

잠시 상념에 빠져 시간 가는 줄 모르고 있던 김 상무에게 최 대리가 조심스럽게 물었다.

"어, 벌써 시간이 그렇게 됐나? 참, 최 대리, 자료는 준비 됐나?"

최 대리는 기다렸다는 듯이 준비한 서류를 내밀었다. 김 상무는 가방에 서류와 챙길 것들을 주섬주섬 넣고 사무실을 나왔다. 고객의 회사는 강북에 있어 지하철을 이용하기로 했다. 섣불리 차를 가지고 나와 교통체증 때문에 약속 시간에 늦으면 큰 실례가 된다.

우리 생활의 대부분을 차지하는 것은 이동과 기다림이다. 출퇴근뿐만 아니라 업무상 여러 장소로 이동하게 되는데, 대부분의 직장인은 혼잡한 지하철에서 꾸벅꾸벅 졸든가 휴대폰으로 게임을 한다.

한 사람이 일생 동안 일을 하는 데 소모하는 시간들을 발표한 기사를 본 적이 있다. 기사에 따르면, 한 사람이 일생 동안 먹는 데 6년, 기다리는 데 5년, 집을 청소하는 데 4년, 식사 준비를 하는 데 3년, 전화응답을 하는 데 2년, 분실물을 찾는 데 1년, 우편물을 읽는 데 8개월, 그리고 교통신호를 기다리는 데 6개월을 소모해 총 22년 2개월을 사용한다고 한다.

이는 일생의 1/3이 넘는 시간이다. 수면으로 소비되는 1/3과 이처럼 비생산적인 활동들에 소비되는 1/3을 제하면, 인생의 오직 1/3의 시간만이 생산적인 활동에 쓰이고 있는 셈이다. 또 1년을 단위로 분석해보면, 총 8,760시간 중에 수면 등 생리 시간에 3,650시간, 업무에 2,500시간 정도가 소비된다. 결국 내 스스로 자유롭게 쓸 수 있는 시간은 2,610시간밖에 되지 않는다.

이와 비슷한 보고 사례가 미국의 월스트리트 저널(Wallstreet Journal)에서도 발표된 바 있다. 어질러진 책상과 서류함에서 잃어버린 정보를 찾느라고 허비하는 시간은 하루 1시간 꼴이고, 매일 우편물을 받아 보고 서류를 정리하고 물건을 찾으면서 소비하는 시간이 하루에 1시간 반이라고 했다. 결국 하루 8시간 근무 시간 중에 찾고 치우고 정리하는 데 3시간 정도를 허비하고 있다는 것이다. 다시 말하면, 2,500시간의 업무 시간 대부분을 불필요한 일로 낭비하고 있는 셈이다.

김 상무는 최근 들어 항상 가방에 책을 챙겨 이동 중 지하철에서나 그 밖에도 틈이 날 때마다 책을 읽는다. 이렇게 자투리 시간만 활용해도 한 달에 무려 4권이나 읽을 수 있다. 업무는 물론 자기 계발에도 많은 도움이 된다.

김 상무는 정확하게 10분 전에 고객사에 도착했다.

"진일전자의 김창구입니다. 조성범 사장님과 약속이 되어 있습니다."

고객사의 안내 데스크에 용건을 말했다.

"예, 잠시만 기다려 주시겠습니까?"

안내 직원이 상냥하게 응대했다. 잠시 응접실에서 기다리는 동안 김 상무는 자투리 시간을 활용하기 위해 수첩을 꺼냈다. 대개 사람들은 기다리는 동안 그냥 무료하게 시간을 보내는 경우가 많다. 그러나 그는 이렇게 남는 시간을 대비하여 '뜻밖의 시간' 목록을 만들어 준비해놓고 있다. 수첩 첫 장에는 간단한 메모가 적혀 있다.

〈뜻밖의 시간〉

5분 : 이메일 확인, 안부 전화하기

10분 : 영어회화 연습하기

15분 : 잡지 보기, 영단어 암기

30분 : 서점 가기, 낮잠 자기

1시간 : 보고서 쓰기, 목욕 또는 이발하기

2시간 : 책 읽기, 영화 보기

예를 들면, 매우 짧은 5분 이하의 시간의 경우에는 친구들과 짧은 통화로 안부를 묻고, 30분 정도의 시간이 생기면 출장이나 기다릴 때 읽을 만한 책 구입을 위해 주변 서점에 들른다는 식으로, 뜻밖의 시간이 생겼을 때의 활용 방안에 대한 목록이다. 하지만 오늘은 고객 방문의 자리라서 가방에서 서류를 꺼내 마지막 점검을 했다. 잠시 후 여직원이 사장실로 안내를 했다. 자투리 시간을 잘 활용해 미리 준비하고 여유 있게 도착해 편안하게 상담한 덕분인지 오늘 미팅은 매우 만족스러웠다.

사뮤엘 베게트는 시간을 '여행용 가방'에 비유했다. 여행용 가방에 아무리 짐을 잘 정리해 넣는다고 해도 반드시 네 귀퉁이에 틈이 생긴다. 이와 마찬가지로 아무리 완벽한 스케줄을 세운다 해도 반드시 여백의 시간은 생기기 마련이다. 작게는 5분에서 많게는 2시간 정도의 자투리 시간이 생긴다. 시간 활용의 달인일수록 자투리 시간을 잘 활용한다. 자투리 시간을 가장 잘 활용한 사람은 나폴레옹이다. 하루에 4시간의 수면으로 유명했던 그는 틈만 나면 토막잠을 잤다. 심지어 말에서 행군할 때도 졸았다고 한다. 같은 잠이라도 아침 늦잠은 나쁘지만 자투리 시간을 활용한 토막잠은 건강에도 좋다고 한다.

일하는 것도 쉬는 것도 아닌 불명확한 '회색의 시간'이 우리의 일상생활에는 너무나 많다. 아깝게 낭비되는 시간들이다. 빈둥거리며 보내는 쓸데없는 시간을 줄이고 다음 동작을 빠르게 취한다면 상당히 많은 시간을 절약할 수 있을 것이다,

'어떻게 하면 효율적으로 시간 관리를 잘할 수 있을까?'

높은 자리로 올라갈수록 더욱 바빠진 김 상무는 시간 관리에 대해 곰곰이 생각해본다. 시간 관리란 결국 '우선순위'와 '자기훈련'이라는 두 가지의 문제로 요약될 수 있다. 그렇다면 '우선순위'를 어떻게 정할 것인가가 관건이 된다. 앞으로 할 일에 대해 '얼마나 급한가'와 '얼마나 중요한가'라는 두 가지 척도로 생각해보자. 일의 우선순위를 정하기가 한결 쉬워질 것이다.

급한 것과 중요한 것의 차이는, 만약 그 일을 미룰 경우 문제가 더 심각해지는 것이 바로 중요한 일이 된다. 같은 일이라도 상황에 따라 급한 일이 될 수도 있고 '중요한 일'이 될 수도 있다. 그래서 김 상무는 항상 닥친 일에 임하기 전에 '만약 지금 이 일을 하지 않으면 무슨 문제가 생길까? 그리고 지금 이 일 대신에 다른 일을 하면 나에게 무슨 이득이 있나?'를 생각하기로 했다. 이런 사고방식은 일의 우선순위를 결정하는 데 많은 도움을 준다. 우선순위가 결정되면 그 다음은 일의 중요도와 급한 순서대로 일을 선택한 다음, 그것을 활동 시간대 안에 배열하면 된다.

다음은 흔히 시간 관리의 달인들이 공통적으로 말하는 시간 관리 십계명이다.

제1계명, 시간 사용 내역을 구체적이고 정확하게 파악한다.

제2계명, 사소한 일보다 중요한 일을 먼저 한다.

제3계명, 해야 할 일들은 마감 시한을 정해 반드시 기한 내에 마무리 짓는다.

제4계명, 자투리 시간을 생산적으로 활용한다.

제5계명, 핵심적인 일에 치중하고 나머지 일들은 적임자에게 위임한다.

제6계명, 맺고 끊는 것을 명확히 하고, 가능한 한 삶을 단순화한다.

제7계명, 완벽하게 준비될 때까지 기다리기보다는 즉시 실천한다.

제8계명, 불필요한 요구는 단호하되 지혜롭게 거절한다.

제9계명, 포기할 것은 빨리 포기하고, 버릴 것은 과감하게 버린다.

제10계명, 자기만의 안식처를 갖고 휴식시간을 철저히 지킨다.

김 상무는 다시 사무실로 돌아와 우선 중요한 순서대로 일을 처리했다. 같은 중요한 일이라도 빨리 해결할 수 있는 일부터 해치웠다. 오래 걸리는 일을 먼저 시작하면 다른 중요한 일들은 시작조차 못할 수도 있기 때문이다. 항상 처리해야 할 일이 쌓여 있으므로 가급적이면 동시에 할 수 있는 일을 했다.

그러나 여러 가지의 일을 동시에 해서는 안 될 때도 있다. 일단 동시에 할 수 있는 일과 할 수 없는 일을 명확히 구분해야 한다. 그리고 나서 여러 가지 일을 한꺼번에 하는 시간과 한 가지 일에 집중하는 시간을 적절히 배분해서 처리해야 한다. 예를 들면, 운전하면서 음식을 먹는 일은 동시에 하면 안 되지만, 음악이나 어학 테이프는 운전하면서도 얼마든지 들을 수 있

다. 김 상무는 시간 관리에 신경을 쓴 후로 예전보다 훨씬 시간의 여유가
많아졌다.

누구에게나 하루 24시간은 모두 소중한 시간이고, 그 시간마다 각각 다
른 의미가 있기 마련이다. 일하는 시간은 자신의 힘으로 어떤 것을 만들어
내는 시간이고, 집에서의 시간은 가족과 사랑의 의미를 나누는 시간이다.
또 출퇴근 시간을 스스로 자신을 점검해보는 사색의 시간으로 활용한다면
그 나름의 의미 있는 시간이 될 것이다.

많은 격언들이 시간은 짧다는 것, 모든 사람에게 시간은 공평하다는 것,
잃어버린 시간은 돌이킬 수 없다는 것을 알려주고 있다. 그럼에도 우리는
시간이 부족하다고 불평한다. 하지만 사실은 어떻게 써야 할지 모를 정도
로 많은 시간을 갖고 있다. 아무것도 하지 않거나 무의미한 일을 하거나 당
연히 해야 할 일을 하지 않으면서 인생을 허비하는 것이다.

'일에 열 시간, 자기 계발에 여섯 시간, 편안한 잠 일곱 시간, 그리고 나
머지 시간은 하늘에 맡긴다.' 이것은 김 상무의 시간 관리 요령이다. 끝으로
시간에 대해 다시 한 번 생각하게 만드는 톨스토이의 시 한편을 소개한다.

일하기 위해 시간을 내라. 그것은 성공의 대가이다.
생각하기 위해 시간을 내라. 그것은 능력의 근원이다.
운동하기 위해 시간을 내라. 그것은 끊임없는 젊음을 유지하는 비결이다.
독서하기 위해 시간을 내라. 그것은 지혜의 원천이다.

친절하기 위해 시간을 내라. 그것은 행복으로 가는 길이다.

꿈을 꾸기 위해 시간을 내라. 그것은 대망을 품는 일이다.

사랑하고 사랑 받기 위해 시간을 내라. 그것은 구원 받는 자의 특권이다.

주위를 살펴보는 데 시간을 내라. 이기적으로 살아가기에는 하루가 너무 짧다.

웃기 위해 시간을 내라. 그것은 영혼의 음악이다.

기도하기 위해 시간을 내라. 그것은 인생의 영원한 투자이다.

·⋙ 격언 한 마디

진정한 탐험은 새로운 풍경이 펼쳐진 곳을 찾는 것이 아니라 새로운 눈으로 여행하는 것이다.

The real voyage of discovery consists not in seeking new landscapes but in having new eyes.

마르셀 프루스트

샐러리맨 생존력 : 창의 − 창조 바이러스를 온몸에 퍼뜨려라

현대는 'know-where의 시대'라고 할 수 있다. 누가 더 빨리 필요한 정보에 접근하느냐가 중요하다. 속도는 그다지 중요한 것이 아니다. 어차피 지식의 내용은 큰 차이가 없기 때문이다. 차이는 창의력이다. 똑같은 지식이라도 그것이 어떤 맥락에서 어떻게, 또 무엇과 연결되느냐에 따라 달라지는 세상이다.

이 시대에 우리를 움직이는 모티브는 재미와 창의이다. 재미가 최고의 능력이다. 틀을 만들어놓고 찍어내는 시대에서 세상이 좋아할 만한 것을 머릿속으로 그려내는 시대로 바뀌었다. 생각이 다양하고 자유로우면 삶도 그렇게 된다. 제대로 알면 삶은 그만큼 즐겁고 자유롭다. 그 부피만큼 삶도 풍요로워진다. 그러기 위해서는 많이 알아야 하고, 그 앎은 넓이와 깊이를 동시에 갖추어야 한다.

무엇보다 책을 많이 읽어야 한다. 책을 통해서 우리가 몰랐던 새로운 정보니 지식은 물론이고, 다른 사람들은 어떤 생각을 하고, 어떻게 움직이는지를 알 수 있다. 즉, 나와 다른 생각으로 한발 앞서가는 그들의 사고방식을 엿볼 수 있다. 그들의 생각을 이해함으로써 내 자신이 창의적인 마인드로 발전할 수 있다. 최근에 『책읽기를 배우는 직장인』이라는 책이 한참 잘 팔리는 것을 보고 직장인들의 책읽기에 대한 욕구가 대단하구나, 하고 새삼 놀라기도 했다.

그렇다면 창의력을 키우기 위해 우리는 어떻게 책을 읽어야 할까?

첫째, 잘 생긴 나무를 택하라 : 능동적으로 찾아 읽어라.

둘째, 넓은 숲을 거닐어라 : 많이 읽어라.

셋째, 뿌리를 짚어라 : 깊게 생각하라.

넷째, 함께 나눠라 : 수다도 힘이다.

다섯째, 멀리 보라 : 트렌드를 읽고 예측력을 길러라.

여섯째, 가로로 읽고 세로로 생각하라 : 아이디어 교차점을 찾아라.

일곱째, 메모하고 실행하라 : 메모가 인생의 흐름을 바꾼다.

여덟째, 멘토를 만들어라 : 책 속에 삶의 지도가 있다.

아홉째, 시간을 경영하라 : 아침 독서는 하루 분량의 비타민이다.

열째, 쾌감지수를 높여라 : 맛있어야 손이 간다.

인간에게 가장 필요한 조건은 무엇일까? 그것은 머리와 가슴을 유연하게 연결하는 창의력이다. '창의'는 '창조'와는 다른 의미이다. '창조'가 무에서 유를 만들어내는 것이라면, '창의'는 유무형의 한계조차 뛰어넘는 새로운 가치를 창출해내는 힘을 말한다. 상식적인 문제를 비상식적으로 사고할 수 있을 때 창의력이 생긴다. 창의적인 생각은 어느날 갑자기 하늘에서 뚝 떨어지는 것이 아니다.

사실 창의적인 사고를 할 때 사용되는 두뇌 영역은 교통체증을 피하기 위해 고민할 때 쓰는 두뇌 영역과 동일하다. 창의성은 언뜻 보기에 아무 연관 없는 것들을 연결하는 힘이다. 아인슈타인은 '왜 나는 샤워 도중에 최고의 아이디어가 떠오를까?' 라며 짜증을 내기도 했다. 우리 모두는 창조적 코드의 DNA를 가지고 있고, 그것이 우리의 상상력 안에 회로처럼 얽혀 있다.

사람은 누구나 창조적 선각자가 될 수 있는 무한한 가능성을 갖고 있다. 우리 안에 잠자고 있는 상상력과 창조성 유전인자는 언제라도 세상을 위해 활용되기를 손꼽아 기다린다. 창의력은 키우는 것이 아니라 유도하는 것이다. 잠재되어 있는 창의력을 깨워 나만의 이야기를 창조해낼 필요가 있다. 창의성은 자신이 위대하다는 것을 믿는 것이다. 그리고 자신의 색깔을 나타내는 것이다.

50대, 건강이 최대의 경쟁력이다

내몸 경영을 시작하라

전쟁에서 승리하려면 먼저 적을 알아야 한다. 내몸 경영의 적은 자신이기도 하지만, 자신을 둘러싼 일상의 환경이기도 하다. 내몸을 둘러싼 환경을 정확히 깨닫지 못하면 구체적인 내몸 경영 기법도 수립하기 어렵다. 건강의 악화는 많은 경우 내몸 환경에 대한 인식 부족에서 비롯된다.

스트레스 다운사이징, 걱정을 버리고 긍정의 힘을 믿어라

걱정, 증상의 악화, 내몸 에너지 감소는 곧 심리적 위축감으로 돌아온다. 일을 할 때도 100% 능력을 발휘하기 어렵다. 그래서 능력이 떨어지면 사람들은 걱정이 빚어낸 상황이라는 것을 알지 못한 채 무능력한 자신만을 책망한다. 상황이 꼬이기 시작하고 일이 제대로 풀리지 않을 때는 지나친 걱정이 불러온 마이너스 에너지 때문임을 이해하기만 해도 상황은 쉽게 반전된다. 걱정 다운사이징으로 자신감과 더불어 내몸 에너지와 내몸 능력의 상승을 가져올 수 있다.

적정 칼로리를 섭취하라

자신의 적정 칼로리는 자신의 비만도와 연관되어 결정된다. 비만이라면 칼로리를 줄여야 하고, 저체중이라면 칼로리를 늘여야 한다. 대부분의 한국인은 영

양 과잉이므로 칼로리를 줄이는 쪽으로 식생활을 디자인해야 한다.

아침 꼭 먹기

아침을 먹지 않는 사람들은 대부분 무기력증을 호소한다. 아침 먹는 습관을 들이기 위해서 저녁을 제 시간에 소량 먹거나, 2,3일은 저녁 식사를 굶는 것도 괜찮다. 아침식사를 하는 습관은 내몸이 간절히 원하는 요구이다. 제대로 된 한식 아침식사가 이상적이지만, 여의치 않으면 대용식이라도 괜찮다. 아침밥을 해주지 않는 부인을 탓하지 말고 내몸은 스스로 챙겨야 한다. 소량이라도 반드시 아침은 먹자.

싱겁게 먹기

한국인은 하루 평균 13g 정도의 소금을 섭취하고 있다. WHO 권장량인 5g에 비해 매우 높은 수치다. 라면 한 그릇에는 5g, 피자 한 조각에는 3.3g, 자반 고등어찜 1토막에는 3.8g의 소금이 들어 있다. 싱겁게 먹기의 가장 중요한 포인트는 입맛을 싱겁게 만드는 것이다. 이를 실천할 수 있는 효과적인 방법은 지방과 소금의 집합체인 국물을 적게 먹는 것이다. 주변을 둘러보면 아직도 국이 없으면 밥을 못 먹는다는 사람들이 많다. 물론 처음에는 힘들겠지만 2~3주만 참고 실천하면 싱거운 입맛을 갖게 된다. 싱겁다는 것은 설렁탕에 소금을 전혀 넣지 않고 먹는 정도를 말한다. 이제 곧 우리가 매일 사먹는 식당의 음식이 괴로울 정도로 짜다는 사실을 깨닫게 된다. 싱겁게 먹는 사람은 식재료가 가진 본연의 맛을 느낄 수 있다.

– 박민수 『내몸 경영』에서 발췌

PART 5
은퇴 후
'골드 실버'의 꿈

우리 사회는 현업에서 은퇴하는 시기가 점점 더 빨라지고 있다. 당연히 은퇴 후의 삶은 더 길어지고 있다. 최소 20~30년은 건강한 노인으로 살아가야 한다. 그만큼 인생 2막의 삶이 더 중요해지고 있다. 아름다운 실버로 인생 2막을 시작하려면 평소에 준비해두어야 한다.

대한민국 샐러리맨, 거침없이 살아라

SALARIED MAN

CHAPTER 1

나는 '미운 오리 새끼' 일까, '백조' 일까

"딱!"

하얀 골프공이 푸른 창공을 가르고 날아갔다. 그리고는 초록 풀밭에 사뿐히 내려앉았다.

"굿 샷!"

네 사람이 순서대로 티 샷을 했다. 네 개의 공이 페어웨이에 나란히 자리를 잡았다.

"오랫만입니다, 김 교수님."

김창구 교수는 대기업 임원으로 일하다 은퇴한 후 이곳 뉴질랜드로 이민을 왔다. 최근에는 한국 대학에서 초빙 교수로 대학원생의 강의를 맡고 있다.

"예, 허 사장님. 한 2주 못 뵈었지요?"

허 사장은 기러기 아빠로 왔다가 이곳이 좋아 그만 눌러앉았다. 두 사람은 서로 반갑게 맞았다.

"집안에 특별한 소식은 없는지요?"

"서울서 손자들이 놀러 와서 온천 여행을 다녀왔지요."

간단히 서로의 안부를 묻고 바로 라운드를 했다. 이곳에서는 묻지 말아야 할 불문율이 두 가지 있다. 전직이 무엇인지와 현재 수입이 얼마인지를 묻지 않는 게 예의이다. 서로 각자의 인생이 있고 나름대로 사연들이 있다. 그저 같이 만나서 골프를 즐기면 그게 전부다.

"오늘, 맥주 한잔 사기 내기 골프나 할까요?"

창구는 내기 골프를 제안했다.

"허허, 손주들 용돈 주느라 돈도 없을 텐데, 정 원하신다면 그리 합시다."

허 사장은 김 교수의 장난기 섞인 제안을 흔쾌히 수락했다. 내기라고 해봤자 고작 맥주 한 잔 사는 것이다. 골프장은 한국과 달리 매우 한가롭다. 간간이 은퇴한 노인들 몇몇 사람만 보일 뿐이다.

골프를 마치고 샤워한 뒤 클럽하우스에 올라갔다. 한두 주일 골프를 걸렀던 창구가 내기 골프에서 지고 맥주를 샀다.

"그래, 바로 이 맛이야, 세상에서 제일 맛있는 맥주가 바로 이 맥주지."

"공짜로 마시니 더 맛있네요."

허 사장이 맥주의 맛을 극구 칭찬하자 동반자인 이 원장이 한 술 더 떴다. 네 사람은 생맥주 한 잔을 쭉 들이키면서 즐겁게 웃었다. 창구가 이런 생활을 한 지 어언 4년이 되었다.

남쪽 나라 십자성이 빛나는 뉴질랜드의 오클랜드(Auckland). 반백의 '골드 실버(gold silver)' 김창구가 4년 전 이민을 와서 살고 있는 곳이다. 격동의 한 시대를 몸으로 부딪치며 살아온 산업 일꾼에서 은퇴자로 변신해 조용히 여생을 즐기고 있다. 이런 한가로운 생활에서 가장 반가운 일은 가족과의 만남이다. 모처럼 방학을 이용해 손자들이 이곳으로 놀러 왔다.

아이들에게 동물원은 항상 꿈을 주는 곳이다. 세계 어느 나라든 동물원은 반드시 있다. 이곳의 동물원은 그다지 크지는 않지만 동물들에 대한 배려가 매우 돋보인다. 그래서인지 평일에도 많은 관객들로 붐빈다. 푸른 초원에서 동물들과 관객들이 자유롭게 노닐 수 있기 때문이다. 평일에는 학생들이 자연학습을 위해 많이 찾고, 주말에는 가족 단위 관람객들로 붐빈다.

창구 역시 오랜만에 서울에서 놀러 온 손자들을 데리고 동물원을 찾았다. 아이와 동물들은 쉽게 교감을 하는 것 같다. 손자들은 마냥 즐거워하며 여기저기 뛰어다닌다. 환갑이 넘은 창구는 뛰어노는 손자들의 모습을 바라보며 흡족해한다. 호기심 반 생소함 반으로 마냥 신이 난 손자의 손에 끌려다니다 새들이 있는 큰 우리 앞에 섰다.

"할부지, 저 새가 무슨 새예요?"

이제 말을 막 배운 손자가 화려한 공작을 보며 혀 짧은 소리로 물었다.

"으응, 저 새는 공작새란다."

싱가포르의 주롱 공원에 비해 규모는 작지만 매우 큰 울타리를 만들어 새들이 마음껏 날 수 있도록 해놓았다. 창구는 큰 새장 속에서 모여 사는 여러 종류의 새들을 물끄러미 바라보고 있었다. 물 위에서 한가롭게 떠 있는 백조도 있고, 높은 나뭇가지 위에 앉아 있는 황새도 있었다.

물가에서는 한 쪽 다리로 서 있는 홍학이 무리를 지어 장관을 이루고 있었다. 여기 저기 바쁘게 돌아다니는 한 무리의 참새 떼들이 시끄럽게 지저귄다. 창구는 잠시 방향을 바꿔 새장 뒤편에 있는 부화장을 기웃거렸다. '직원 외 출입금지'라는 팻말이 붙어 있었다. 주위를 기웃거리고 있는데 때마침 직원 한 명이 나왔다.

"Do not enter, please."

직원은 상냥하게 웃으며 들어가지 말라고 주의를 준다. 문틈 사이로 수많은 병아리들이 지저귀는 모습을 힐끗 보았다. 모두 핏덩이에 겨우 솜털만 나 있는 어린 새끼들이다. 여러 종류의 새들이 새로 태어나고 있는데 언뜻 보아서는 어느 새의 새끼인지 전혀 구분이 되지 않았다. 좀 더 자세히 보려고 고개를 내밀자 안에 있던 직원이 황급히 문을 닫는다.

'각인(刻印)'이라는 말이 있다. 새들이 태어났을 때 처음 만나는 대상을 어미로 아는 현상을 말한다. 비록 자신이 백조일지라도 오리에게 부화되면 자신이 오리인 줄 안다. 우리가 잘 아는 안데르센의 동화 '미운 오리 새끼'를 통해서 알고 있는 사실이다. 창구는 발길을 돌려 새의 우리로 돌아와 잠시 벤치에 앉아 뛰노는 손자들을 바라보았다. 천진난만한 저 아이들이 앞으로 어떤 종류의 새로 자랄까, 잠시 생각에 잠겼다.

'나는 과연 어떤 새였는가? 미운 오리 새끼인가? 아니면 백조인가?'

그동안 살아온 직장생활이 주마등처럼 지나갔다.

·◦» **격언 한 마디**

인간이 자신에게 요구되는 바를 이뤄내기 위해서는 자신을 실제 모습보다 훨씬 훌륭

하다고 여겨야 한다.

For a man to achieve all that is demanded of him, he must regard himself as

greater than he is.

괴테

공부와 은퇴 준비는 평소에 하라

창구는 고국에서 한때 잘나가던 회사 중역이었다. 그저 앞만 보고 달려온 반평생이었다. 하지만 회사라는 큰 새장에 갇혀 사는 한 마리의 새에 지나지 않았다. 그 역시 IMF 태풍과 계속되는 경제위기를 비켜갈 수는 없었다. 결국은 구조조정에서 밀려났다.

'그래, 우리 시대는 끝났어. 후배들에게 물려줘야지.'

편하게 마음먹으려 했지만 그게 그리 쉽지는 않았다. 창구는 퇴직을 한 가장으로서 주위에 걱정을 끼치지 않기 위해 퇴직 후에도 매우 활기차게 생활했다. 매일 정장을 하고 출근하듯이 외부 활동을 하고, 젊은 세대와 자주 어울리며 퇴직의 공허감을 감추며 살았다. 처음에는 가족이나 친지들이 이런 가장의 당당한 생활 태도를 반겼다. 그러나 날이 갈수록 억지로 즐거운 척하고 젊은 행세를 하려니 어느 틈엔가 스스로의 모습이 추하기도 하고 처량하기도 했다. 나중에는 짜증까지 일었다.

창구와 같은 세대는 '노인'이라는 말을 듣고 싶지 않다. 자신이 느끼는 대로 젊게 보이고, 젊게 행동하고 싶어 한다. 절대 나이 들지 않으려고 기를 쓰게 된다. 일종의 '피터팬 현상(peterpanism)'이다.

2008년 통계에 의하면, 싱글 노인이 93만 명을 넘었다. 이는 65세 이상 인구의 18%를 차지한다. 경제력, 여유 시간, 보다 열정적인 삶에 대한 욕구의 3박자를 모두 갖춘 '뉴 실버(new silver)'가 증가하면서 젊게 사는 인생, 즐겁고 보람 있는 여생을 욕망하는 이들의 나 홀로 씀씀이가 커지고 있는 추세이다. 이 중에서도 골드 실버(gold silver)는 기초 생활비와 경조사비를 합한 기본 경비 170만 원과 130만 원 정도의 여행 및 취미 생활비를 합쳐 매월 300만 원 정도의 생활비를 스스로 조달할 수 있는 노인층을 일컫는다.

'그래, 젊게 살자'

창구는 이렇게 다짐하면서 새로운 '세컨드 라이프(second life)'를 설계하기로 했다. 젊음을 유지한다는 것은 새로운 취미, 새로운 장소, 새로운 방식을 찾아 마음을 활짝 열고 유연한 사고를 유지하는 것이다. 또 점점 늘어나는 서운한 감정을 겉으로 드러내지 않는 법을 배우는 것이다. 마찬가지로 퇴직은 인생의 끝이 아니고 또 다른 새로운 시작일 뿐이다. 직장생활이 인생의 전반부라면, 하프 타임에 어떤 기획을 하는가에 따라 인생의 후반부는 완전히 다른 시나리오를 만들게 된다. 제2의 인생을 위해 새롭게 출발해야 한다.

"창구냐? 나 영두야. 저녁이나 한 번 하자."

고교 동창인 영두의 전화다. 퇴직 소식을 듣고 위로 저녁을 사려고 전화했다.

"글쎄, 이번 달은 어렵겠고 다음 달 초에 다시 연락하자."

"뭐? 지금이 18일인데 다음 달이라니, 백수가 뭐 그리 바쁘냐?"

"미안하다. 어찌 보니 그리 됐네. 정말로 백수가 과로사한다는 말이 실감난다."

"백수 시절 첫 석 달이 봄 같은 시절이라고 하더라. 할 수 없지 뭐, 나중에 시간 나거든 연락하자."

영두는 하는 수 없이 약속을 다음으로 미루었다. 창구가 퇴직한 지 한 달 즈음 됐을 때의 일이다. 이때는 각종 모임과 위로 파티로 일정이 빡빡했다. 그런데 정말로 3개월이 지나니 거짓말처럼 그 많든 약속들이 뚝 끊어졌다. 그래서 대부분의 은퇴자들과 마찬가지로 손쉽게 시작하는 산행을 다녔다.

물론 산행이 가장 건전하고 돈이 들지 않는 소일거리며 건강에도 도움이 된다. 하지만 창구는 주말이면 모를까 매일 아침 남들은 출근하는데 혼자 등산복 차림으로 나오려니 여간 쑥스러운 것이 아니었다. 그래서 일단 정장으로 나와 서울 근교의 등산로 입구에서 등산복과 배낭을 빌려 입었다. 등산로 입구에서 간단한 요기 거리와 음료수를 사서 산을 오르면 어느덧 점심 때가 되고, 잠시 쉬었다 내려오면 오후 서너 시가 되므로 집으로 향하면 남들처럼 퇴근 무렵이 된다.

산행이 아무리 건강에 좋다고 하지만, 주말에 한두 번은 모르나 매일 하면 그도 힘들다. 어느 정도 산행이 지겨워질 때면 도서관을 찾게 된다. 오랜만에 모처럼 시간을 가지고 그동안 바쁜 직장 업무로 읽지 못했던 책을 읽기 시작했다. 가끔은 책을 사서 보기도 하지만 실업자 신세에 책값이 부담스럽기 때문에 다양한 정보를 구하기 위해 가까운 동네 도서관을 찾았다.

국립중앙도서관은 이미 고시생과 학생들이 점령한 상태라서 동네에 있는 가까운 시립도서관을 찾았다. 그동안 업무에 시달려 미처 보지 못했던 책들을 마음껏 읽을 수가 있고, 또 평소 관심이 있었던 분야에 관한 정보도 얻을 수 있어서 좋았다. 도서관은 여름에는 시원하고, 겨울에는 따뜻해 시간을 보내는 데 아주 적격이다. 게다가 저렴한 구내식당을 이용해 가볍게 요기도 할 수 있어 일석삼조의 이득을 볼 수 있는 곳이다.

"창구냐? 요즘 뭐 하냐?"

갑자기 연락이 없었던 규원으로부터 전화가 왔다. 시간 약속을 하고 강남의 음식점에서 만났다.

"그래, 네가 웬일이야?"

창구가 물었다. 이런저런 이야기로 빙빙 돌더니 규원은 결국은 사업을 제안했다. 창구가 퇴직한 지 약 6개월 정도 지나니 여기저기에서 사업 제의가 들어왔다. 퇴직금을 이용해 할 수 있는 음식점, 아이스크림 가게, 제과점, 서점, 편의점, 당구장, 기원 등 누구나 쉽게 할 수 있는 사업들이다.

하지만 이런 업종은 누구나 할 수 있는, 진입 장벽이 낮은 사업이기 때문에 더욱 경쟁이 심하다. 결국은 낭패를 보기 쉽다.

이런 업종에 창업한 사람은 십중팔구 중도에 포기하고 만다. 남들이 함부로 넘볼 수 없는 전문기술을 가진 전문 업종이 아니고는 창업에서 성공하기란 쉽지 않다. 창구는 사업 경험도 없는 데다가 시장의 상황과 자금 조달이 큰 걸림돌이 되어 섣불리 착수할 수 없는 형편이기도 했다.

이런 시행착오를 겪지 않기 위해서는 평소 미리미리 준비를 해두어야 한다. 퇴직 후 대책에 대해서 퇴직 전에도 조금씩 생각해두고 준비를 해두는 것이 필요하다. 바쁜 일과지만 틈틈이 시간을 쪼개어 기술을 배운다든지, 아니면 주말을 활용해 부업을 한다든지 해서 사업 경험을 쌓을 필요가 있다. 아무런 특기도 그리고 준비도 없이 사업을 시작한다면 그 퇴직금은 다른 사람의 손에 홀랑 날아가버리기 쉽다. 퇴직을 하고 무조건 조급한 마음으로 이것저것 닥치는 대로 시작할 것이 아니라 차분히 마음을 가다듬고 착실하게 준비하여 자신에게 맞는 것을 찾아야 한다.

'공부와 아부는 평소에 하라'고 누군가 말했다. 이 말에 하나 더 추가한다면 은퇴 준비를 꼽는다. 은퇴 후의 준비도 평소에 해야 한다.

◈》 격언 한 마디

당신이 성취하고자 하는 목표를 미리 결정하라. 크게 생각하고 크게 행동하며 큰 성과를 얻기 위해 나아가라!

Predetermine the objectives that you want to accomplish. Think big, act big, and set out to accomplish big results!

마크 빅터 한센

CHAPTER 3

골드 실버의 꿈,
거침없이 하이킥!

"끼욱, 끼욱."

갈매기가 지붕 위에서 울고 있다. 창구는 아침에 갈매기 울음소리에 일찍 일어났다. 집이 해변에서 멀지 않은 곳이라 갈매기들이 날아와 먹이를 찾곤 한다. 그 덕분에 자명종이 없이도 아침에 일찍 일어난다. 창구는 한가한 은퇴 생활이지만 젊어서부터 일찍 일어나는 게 습관이 되어서 지금도 6시면 어김없이 일어난다. 침대에서 곤히 자고 있는 아내를 깨우지 않고 조용히 빠져 나와 아래층 부엌으로 내려갔다. 그리고는 창구식 아침을 준비한다. 간단히 우유와 토스트 그리고 계란 프라이가 전부이다.

아침을 먹으면서 인터넷으로 한국의 어제 저녁 9시 뉴스를 시청한다. 뉴스가 끝나면 서재로 돌아와 새로운 메일이 와 있는지 점검한다. 아직 8시도 되지 않았다. 집은 조용하다. 창구는 문방사우를 챙겨 붓글씨를 쓴다. 약 한 시간 반 정도 글을 쓰고 나면 그 사이에 아내가 일어나 이런저런 집 안일을 시작한다.

오전 10시쯤 창구는 아내와 함께 아침 운동을 하러 실내 수영장으로 향한다. 아침 운동을 마치고 나서 집으로 돌아와 점심을 같이 먹는다. 거의 매일 똑같이 정해진 오전 일과이다. 하지만 오후의 일정은 각자 다르다. 아내는 영어학원을 가고 창구는 골프장으로 간다. 창구는 골프를 치고 와서 간단히 저녁을 먹고 바로 이층 서재로 올라간다. 컴퓨터를 켜니 화면에 '메일이 도착했습니다' 라는 알림 메시지가 떴다.

'누가 보낸 메일일까?'

창구는 궁금해 바로 열어보았다. 출판사 편집팀장인 최수경의 메일이었다.

김 교수님, 지난 번 보내주신 초고는 잘 받았습니다.
검토해보고 다시 연락을 드리겠습니다.
여기는 성탄과 연말 분위기로 들떠 있습니다. 어제는 눈이 제법 내렸구요.
따뜻한 남쪽 나라의 크리스마스는 어떠한지요?
건강하시고 새해에 복 많이 받으세요.

최수경 올림

창구는 그때서야 내일이 크리스마스임을 알았다. 학창 시절에는 그렇게 고대하던 크리스마스를 아예 잊고 사는 자신, '이제는 나도 별수 없이 늙었나' 하는 쓸쓸한 생각이 들었다. 비단 나이 때문만은 아니었다. 그리고 보니 이곳은 한여름이라 크리스마스 분위기가 실감 나지도 않을 뿐더러 한국과 달리 매우 조용한 분위기이다. 창구는 피식 웃으며 이메일 답신을 보냈다.

최수경 씨

그곳은 매우 춥죠? 눈이 왔다니 화이트 크리스마스 기분을 낼 수 있겠네요.

반바지 입은 산타 할아버지를 본 적이 있나요?

이곳 산타는 털모자에 흰 수염 그리고 반바지 차림이네요. 재미있죠?

〈8월의 크리스마스〉라는 영화가 있기는 하지만

한 여름의 크리스마스를 상상할 수 있나요?

연락 주셔서 고맙습니다.

최 팀장도 새해 복 많이 받으시고 내년에는 시집 가셔야지요.

미리 새해 인사를 전합니다. 새해 복 많이 받으세요.

– 한여름의 크리스마스 이브에 남쪽 나라에서

"야, 이모작, 또 왔구나."

이모작(二毛作)은 김창구의 별명이다. 창구는 학기가 시작되면 한국으로 들어온다. 일 년에 두 번 경작한다는 의미로, 두 가지 인생을 사는 창구에게 친구들이 붙여준 별명이다.

"이번에도 석 달 있다가 가냐?"

삼겹살을 굽던 충상은 부러운 듯 물었다.

"응, 한 학기가 15주니까 얼추 세 달 정도 되지."

"골프는 많이 쳤고?"

골프광인 석환이 부러운 듯 묻는다.

"여기는 여름이지만 그곳은 겨울이고, 비도 많이 와서 못 쳤어, 이틀에 한 번 정도?"

"그 자식 상팔자네, 어떤 놈은 치고 싶어도 못 치는데."

여름 내내 골프장에 나가보지도 못한 석환이 배 아픈 듯 비아냥거렸다.

"자, 그만하고 건배나 하자. 건배!"

영두가 소주잔을 들면서 건배를 권했다.

"건강을 위하여!"

다섯 명의 동창생들은 시시콜콜한 이야기로 서로 웃고 떠들며 술잔을 돌렸다.

창구는 이중 생활을 한다. 한 남자가 두 집을 오가는 불륜의 결혼생활이 아니라 전혀 다른 두 환경에서 생활한다. 한국과 뉴질랜드를 3개월씩 번갈아 오가며 산 지 벌써 3년째이다. 대학이 학기 중인 3개월은 '재미있는 지옥'이라고 표현할 만한 한국 생활을, 방학 3개월은 '심심한 천국'인 뉴질랜드에서 산다.

두 곳의 생활은 너무나도 대조적이다. 일단 계절이 정반대이고, 문화와 관습, 그리고 언어도 다르다. 미국식인 한국과는 달리 영국식인 뉴질랜드는 도로 통행 방향과 자동차 핸들의 위치가 정반대이다. 그 밖에도 다른 게 너무 많다. 한국에서는 대중교통 수단이 발달해 자동차 없이도 시내외 어디든 이동이 가능하지만, 뉴질랜드에서는 대중교통 수단이 열악해 자동차가 없으면 꼼짝 못한다.

아무래도 가장 큰 변화는 창구의 생활 패턴이 달라졌다는 것이다. 일 중심에서 여가 중심으로 바뀌었다. 한국에서는 업무 자문과 학교 강의를 주로 하고, 뉴질랜드에서는 글을 쓰는 은퇴한 불량 주부로 살고 있다. 하루의 중요한 일과가 서울에서는 자문과 강의로, 사람 만나는 일이 우선이라면, 뉴질랜드에서는 집안일과 골프, 즉 운동이 최우선이다. 그래서 한국에서는 일정이 매우 빡빡하지만 뉴질랜드에서는 매우 한가하다. 하지만 창구의 하루 일상은 한국에서나 뉴질랜드에서나 별반 다르지 않다.

아침 6시에 기상해서 밤 10시에 취침하는 버릇은 예전이나 지금이나 변함이 없다. 주로 하는 일들의 구성이 다르고 활동의 비중과 빈도에서 차이가 있을 뿐 대동소이하다. 수영, 서예, 독서, 영화 보기, 글쓰기 그리고 인터넷 검색은 한국에서와 마찬가지로 하루의 주요 일과이다. 한국에서는 바쁜 일정 중에 짬짬이 수영과 서예, 독서 등 취미 생활을 즐기지만 뉴질랜드에서의 하루 일정은 취미와 운동으로

짜여 있다.

아침에 6시에 일어나 인터넷으로 한국 뉴스를 시청하고 조용히 글쓰기에 전념한다. 남들이 출근한 뒤인 9시경에 헬스장에서 수영을 하고 집으로 돌아와서는 서예를 한다. 이것이 오전 일과이다. 오후 일정은 주로 골프이다. 동반자가 있으면 같이, 없으면 혼자서 나간다. 비가 오면 DVD로 영화를 보고 틈틈이 자투리 시간에는 가사일도 한다. 잔디도 깎고, 시장도 보고, 청소도 한다. 저녁을 먹고 나서는 다음 학기의 강의를 준비하기 위해 인터넷으로 여러 자료를 검색한다. 조용히 하루를 정리하고 잠들기 전에는 책을 읽는다. 문자 그대로 목가적인 생활이다. 한국에서 혹사 받은 3개월의 피로를 이곳 뉴질랜드에서 풀고 재충전한다.

한국의 친구들은 뉴질랜드 이민자들의 생활을 부러워한다. 반대로 은퇴 이민자들은 한국에서 열심히 일하는 그들을 부러워한다. 사람의 마음은 참으로 간사하다. 한창 일에 찌들 때는 푹 쉬고 싶다. 하지만 막상 쉬고 있으면 일이 그리워진다. 창구는 휴식과 일을 번갈아가며 두 세계를 모두 누리고 있다. 지금까지 살아온 어느 때보다도 창구는 지금이 더없이 행복하다.

창구는 친구들과 헤어지고 집으로 돌아왔다. 오랜만에 붓을 잡았다. 창구는 어제 읽은 책에서 본 벤저민 플랭클린의 글귀를 쓰고 싶었다. 붓에 먹을 흠뻑 적셔 화선지에 써내려가기 시작했다.

자신의 일을 열심히 하라. 배움을 얻을 것이다.

근면하고 검소하게 생활하라. 부자가 될 것이다.

술을 삼가고 절제하라. 건강해질 것이다.

모든 면에서 덕을 쌓아라. 행복해질 것이다.

그렇게 행동하라. 그러면 적어도 그런 결과를 얻을 확률이 가장 높을 것이다.

마지막 문장에 마침표를 찍고 가만히 생각해보았다. 인생은 자신이 찾는 것만 보이고 기꺼이 받아들이고자 하는 것만 얻게 된다는 것을 이 나이가 되고서야 알게 되었다. 할 수 있는 것과 할 수 없는 것, 해야 할 것과 하지 말아야 할 것을 알 수 있게 되었다. 그렇지만 이 나이가 되면 인생의 회한이 물밀듯이 밀려온다. 이미 해버린 일에 대해 아쉬워하는 것과 꼭 하고 싶었던 일을 못해서 후회하는 것 중에 어느 쪽이 더 후회가 클까? 아마 후자의 경우일 것이다. 그래서 창구는 앞으로는 하고 싶은 일만 하기로 했다. 인생에는 유효기간이란 없고, 꿈이 있는 한 인생에 정년은 없다. 은퇴 후 창구는 자신만의 골드 실버 라이프에 대한 신조를 마음속에 단단히 새겼다.

'나의 세컨드 라이프는 하고 싶은 것을 하고 산다. 그리고 거침없이 산다.'

⑩ 격언 한 마디

인생에 있어서 목표로 삼아야 할 것은 두 가지이다. 하나는 원하는 바를 이루는 것이고, 또 하나는 그것을 즐기는 것이다. 오직 현명한 사람만이 두 번째까지 이루어낸다.
There are two things to aim at in life. First, to get what you want and second is to enjoy it. Only the wisest of mankind achieve the second.

로건 스미스

은퇴 이후 30년, 핫 에이지(Hot Age)의 삶

사람들의 평균수명이 늘어나고 있는 요즘, 중년 이후의 삶이 더 이상 '나약한 늙은이'가 아니라는 의미에서 '서드 에이지(Third Age)'라는 말을 만들어냈던 미국의 새들러(William Sadler) 박사. 그가 이번에는 은퇴 이후 30년의 삶을 '핫 에이지(Hot Age)'라고 정의하였다. 새들러 박사는 핫 에이지를 살고 있는 사람들의 공통점 여섯 가지를 다음과 같이 정리하였다.

첫째, 내가 원하는 진정한 삶이 무엇인가를 잘 파악하고 있다. 젊었을 때의 돈, 명예, 사회적 지위와 달리 이들은 주로 내면적인 만족을 추구한다.

둘째, 과거에는 가족, 친구, 자녀, 직장 등을 위해 살아왔으나 이제 그들은 자기 자신을 위해 살아도 이기적이라는 지탄을 받지 않는다는 것을 잘 알고 있다.

셋째, 그들은 은퇴 후에도 일을 계속하고 있다. 생계 유지를 위한 일이 아니라 과거에 하고 싶었던 일, 여가를 즐기는 일을 하고 있다.

넷째, 정신적인 젊음을 유지하고 있다. 그러기 위해서 그들은 호기심, 웃음, 명랑성, 상상력을 발휘하며, 자발적이고도 능동적인 삶을 살고 있다.

다섯째, 가족, 친척 이외에 더 많은 사람들과 교류하고 베풀면서 행복해지는 사람들이 많다.

여섯째, 그들은 누구나 죽는다는 사실과 죽음이 가까워 오고 있다는 사실을 잘 알고 있다. 따라서 항상 죽음에 대한 준비가 되어 있다.

『당신은 너무 젊다』를 쓴 스톤 부부는 자신의 책에서 아예 '은퇴(Retirement)' 라는 단어 자체를 버릴 것을 강조하였다. 원래 '은퇴' 라는 단어는 '철수하다' 혹은 '물러나 다' 라고 정의되어 있으나, 이제는 은퇴라는 말 자체를 버리고 '르네상스(Renaissance)' 나 '새로운 시작(Graduation)' 혹은 '변화(Transition)' 같은 단어들이 퇴직 이후의 삶을 설명하는 단어로 쓰여야 한다고 말한다. 이어서 은퇴라는 말을 뛰어넘는 방법에 대해 소개하였는데 소중하게 귀담아 들어야 조언이기에 여기에 소개한다.

① 우선순위를 재조정하라. 나에게 가장 중요한 것이 무엇인가, 가족이나 친구들 과의 관계를 더 깊게 한다거나 사회에 대한 봉사, 또는 예술 분야의 공부 등 당신이 할 수 있는 일 중에서 우선순위를 정하라.

② 배움의 열정을 새롭게 하라. 인간 뇌 속에 있는 배움의 유전인자들은 새로운 지식과 자극적인 도전을 갈망하고 있다.

③ 에너지를 재충전시켜라. 변화와 발전을 추구하는 사람들과의 교류를 통해 에너 지를 다시 충전시켜라. 그리하여 서로가 서로를 도울 수 있는 방법을 모색하라.

④ 모험심을 불태우라. "잘못을 두려워 말라." 불멸의 재즈 음악가 마일즈 데이비 스의 말이다.

⑤ 새로운 기회를 놓치지 말라. 세상이 나에게 제시하는 무한한 가능성에 대해 마음의 문을 열라. 나의 충분한 잠재력이 기다리고 있을 것이다.

⑥ 육체적인 건강을 다져라. 규칙적인 운동으로 신체를 단련하자.

⑦ 어린 시절의 꿈으로 돌아가보라. 늦어서 이루지 못할 꿈은 결코 존재하지 않 는다. 그것을 향해 나아가자!

⑧ 지혜의 말씀을 기억하라. 내 안에 있는 열정을 찾아내어 행동으로 옮기는 지 혜를 잊지 말라.